Welcome to these Word Fill
which is to provide endle:
entertainment to the Senior citizens.
These puzzles are similar to crossword
puzzles - but without clues! Instead,
you are provided with a series of words
arranged according to their length.

The task to you is to figure out which
words fit in the puzzle and corresponds
to others and solve the crossword.

The game is played using simple logic,
all you need is to focus, apply a
little calculation on the flow of words
and you are good to go!

To make the game more interesting, you
can try to solve the puzzle in the
shortest time possible - either by
challenging your best time each day or
by competing against other players
head-to-head in minutes prize game.

These puzzles have been designed to
suit any one inclusive of visually
impaired, due to its large print
lay-out and the high resolution of the
interior set-up.

# ****Happy Solving****

### Designed by: Rays Publishers
rayspublishers@gmail.com

Copyright © 2014 by Rays Publishers Ltd

**ISBN-13**: 978-1505317541

# Word Fill - in Puzzles
## for
# Senior Citizens

# 01

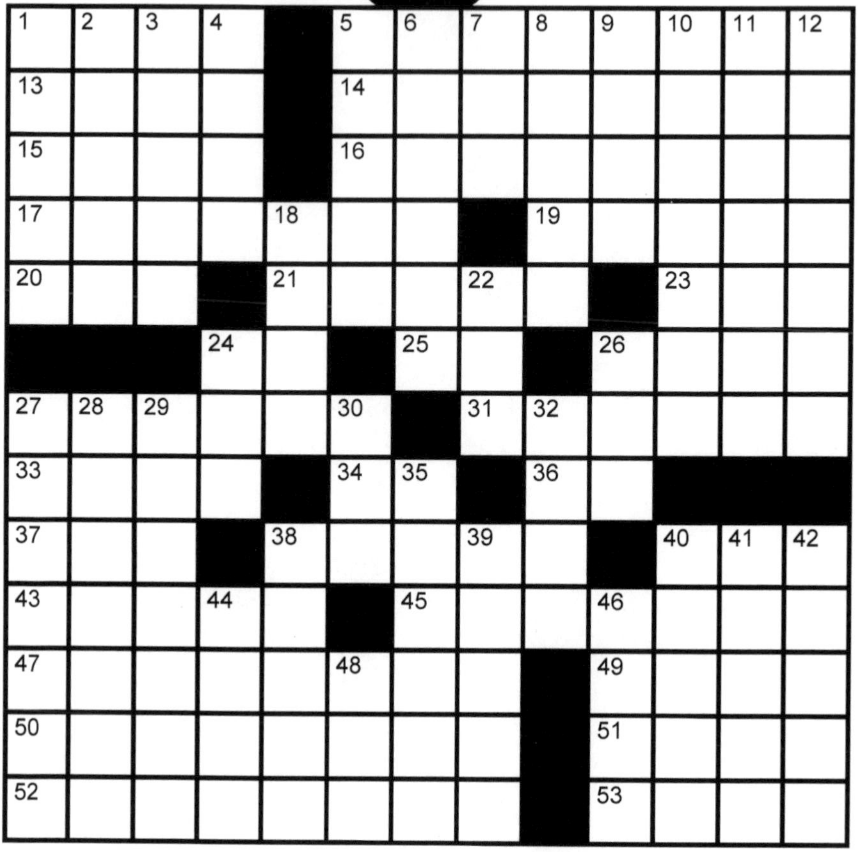

**2 letters**
Am
Is
So
To

**3 letters**
Ere
Ham
Mil
Ort
Pea
Pry
The
Tie
Top
Wee

**4 letters**
Aloe
Ciao
Clot
Etch
Harm
Hers
Hire
Icon
Knot
Lade
Last
Mick
Rent
Toga

**5 letters**
Coast
Icier
Latte
Lease
Micro
Nones
Pasta
Prole
Rigor
Swore
Teens
Testy
Utile
Yeats

**6 letters**
Cachet
Octets
Playas
Secede

**7 letters**
Airwave
Ate away
Chester
Coterie
Creoles
Esteems
Restate
Tessera

**8 letters**
Acetates
Eventide
Populate
Restyles
Staidest
Talesmen

| 3letters | Lima | Essay | Israel | Primate |
|----------|------|-------|--------|---------|
| And | Taka | Learn | Preset | Remoras |
| Arp | Tort | Lease | **7letters** | Sailers |
| Ave | Wale | Linac | Alpines | Slander |
| Eat | **5letters** | Realm | Annular | Unaware |
| Imp | Alien | Sakis | Assault | |
| Lee | Allot | Samba | Basmati | |
| Ley | Amnio | Sissy | Demesne | |
| Orb | Areas | Spare | Ecotype | |
| REM | Atlas | Steel | Empress | |
| Say | Basal | Tasks | Ivories | |
| Tee | Basts | **6letters** | Latakia | |
| Tom | Blasé | Bourse | Minters | |
| **4letters** | Blast | Eyelid | Mortise | |

## 03

| 1 | 2 | 3 | 4 | 5 | 6 | 7 | | 8 | 9 | 10 | 11 | 12 |
|---|---|---|---|---|---|---|---|---|---|---|---|---|
| 13 | | | | | | | | 14 | | | | |
| 15 | | | | | | | | 16 | | | | |
| 17 | | | | 18 | | 19 | | | 20 | | | |
| 21 | | | 22 | 23 | | | | | 24 | | | |
| | | | 25 | | | 26 | | 27 | | | | |
| 28 | 29 | 30 | | | | | | 31 | | | | |
| 32 | | | | | 33 | | 34 | | | | | |
| 35 | | | | 36 | | 37 | | | | 38 | 39 | 40 |
| 41 | | | | 42 | | | | | | 43 | | |
| 44 | | | 45 | | | 46 | | 47 | 48 | | | |
| 49 | | | | | | 50 | | | | | | |
| 51 | | | | | | 52 | | | | | | |

**3letters**
Ale
Apt
Dot
Eta
For
He'd
It'd
Lax
Mag
Oat
One
Pas
Rep

Set
Tee
Tho
**4letters**
Idea
Idol
Open
Plod
**5letters**
Alarm
Blare
Elope
Execs
Hafts

I-beam
Idled
Latin
Merle
Outer
Pasta
Rents
Retie
Seder
Truer
Voter
**6letters**
Alephs
Launch

Oolite
Triune
**7letters**
Aureole
Dudgeon
Eatable
Etheric
Fateful
Potsdam
Reopens
Slimier
Smeared
Stutter
Titrate

Tritone
**9letters**
Arrowhead
Hard drink
Revokable
War crimes

## 04

**3 letters**
Ali
E'en
Gut
Law
Mum
Net
Ode
One
Rat
Roe
Tor
Yon

**4 letters**
Ales
Fiat
Rein
Seem

**5 letters**
Aglow
Alias
Arias
Asses
Atlas
Brier
Draft
Enemy
Gamer
Genie
Girly
Harem
Livre
Lover
Recti
Retie
Testy
Tiara
Vague
Yodel

**6 letters**
Atrium
Enfold
Galena
Staple

**7 letters**
Air-cool
Andiron
Atlanta
Ditsier
Drapers
Friable
Goodbye
Iambics
In vitro
Lee tide
Mimesis
Phonics
Prattle
Retreat
Sees red
Ululate

# 05

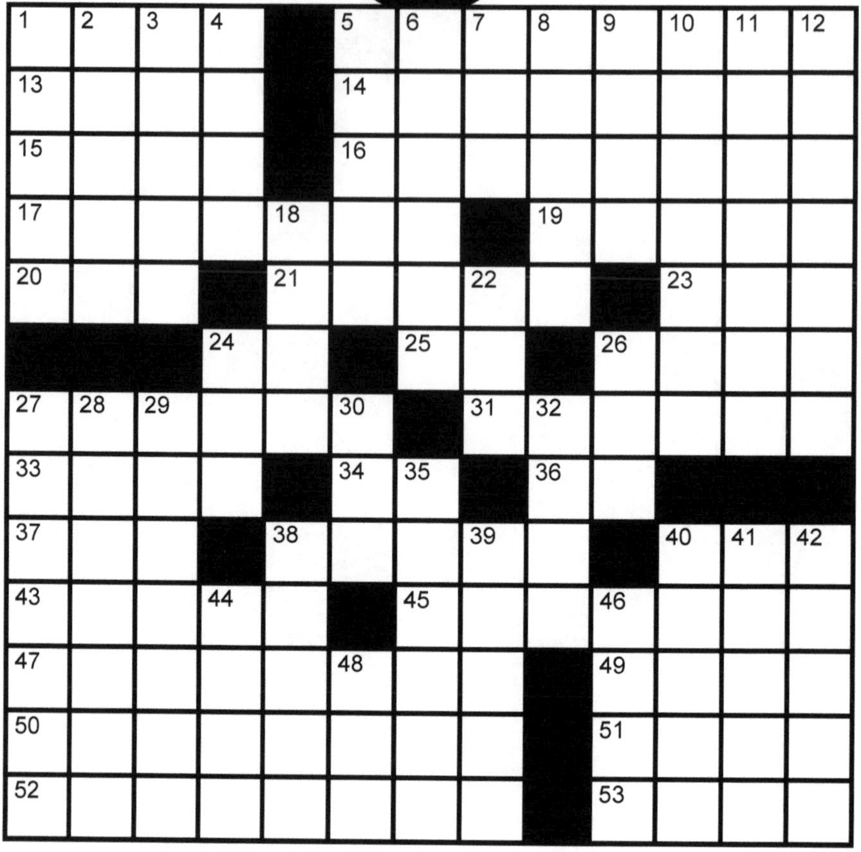

**2 letters**
Am
Me
Or
So

**3 letters**
Ale
Ate
Die
Ens
Nor
Rio
Roe
Set
Tan
Tel

**4 letters**
Aloe
Amen
Ante
Aria
Bide
Cart
Cast
Dirt
Each
Errs
Hyde
Olla
Tame
Teen

**5 letters**
Alder
Alien
Anent
Array
Bacon
Cable
Elate
Geese
Grave
Laird
Saiga
Sired
Sodas
Toast

**6 letters**
Caster
Erases
Raises
Remote

**7 letters**
Aniline
Caramel
Desalts
Etagere
Lean-tos
Mineral
Stodges
Wapitis

**8 letters**
Areolate
Bestowed
Catalpas
Enervate
Lessened
Migrator

# 06

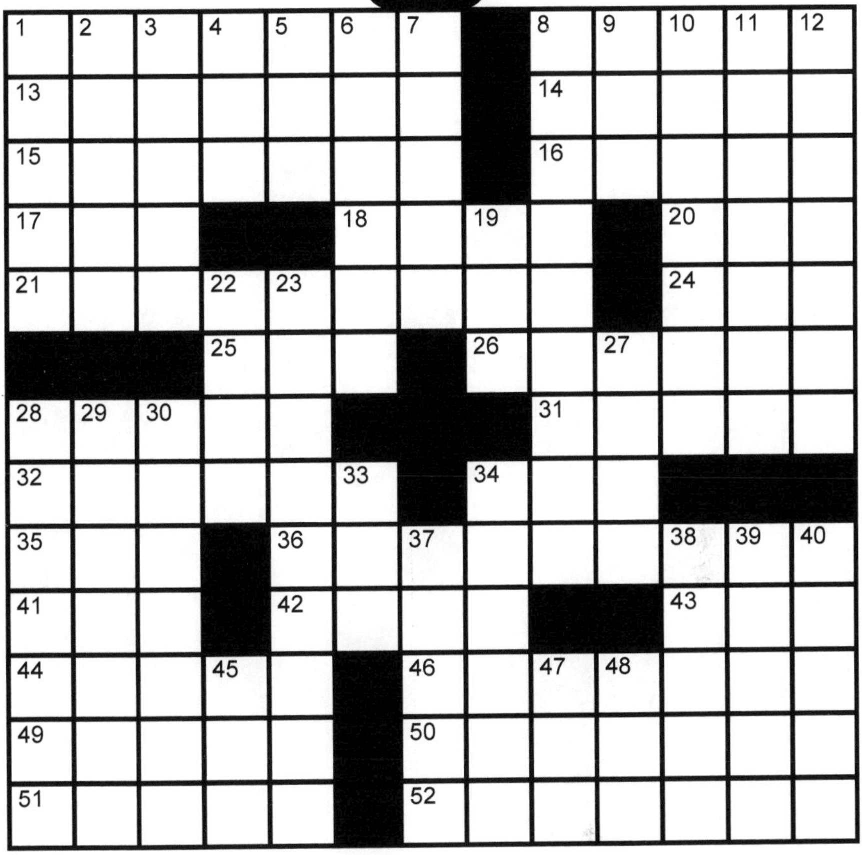

**3 letters**
Aga
Ale
All
Are
CGI
Din
Eke
Era
Far
It'd
Its
See
Spa
Tau
Teg
Yes

**4 letters**
Erie
Gall
Hurl
Lass

**5 letters**
Agama
Carib
Crass
Decor
Elide
Enter
Facet
Hater
Learn
Orate
Ranee
Swage
Toils
Toner
Trets
Valet

**6 letters**
Anneal
Runlet
Salute
Yellow

**7 letters**
Antenna
Careful
Creedal
Elastic
Emirate
Indiana
Outgrow
Rankine
Swearer
Tabaret
Torpedo
Tricots

**9 letters**
Elsewhere
Face saver
Sergeants
Watershed

# 07

| | | | | | | | | | | | |
|---|---|---|---|---|---|---|---|---|---|---|---|
| 1 | 2 | 3 | 4 | 5 | 6 | 7 | 8 | ■ | 9 | 10 | 11 | 12 |

**2 letters**
As
Do
It
Ma

**3 letters**
Ali
Day
Era
Err
I've
Lad
Lao
Lap

Mat
Pas
Pat
Rag
Rap
Sac
Sea
Sim
Tag
Urn

**4 letters**
Ache
Acme
Aide

Babu
Bosh
Coop
Erst
Ewer
Indy
Loom
Nero
Ream
Rime
Riot
Roan
Soma
Taco

Town
Womb
Ylem

**5 letters**
Alway
Nisei
Proem
Utter

**7 letters**
Amritas
Echelon
On paper
Starter

**8 letters**

Air cover
Artistry
Breeding
Coattail
Embracer
Emissary
Homemade
Salaamed

**9 letters**
Acropolis
Grandiose
Midsummer
Politesse

# 08

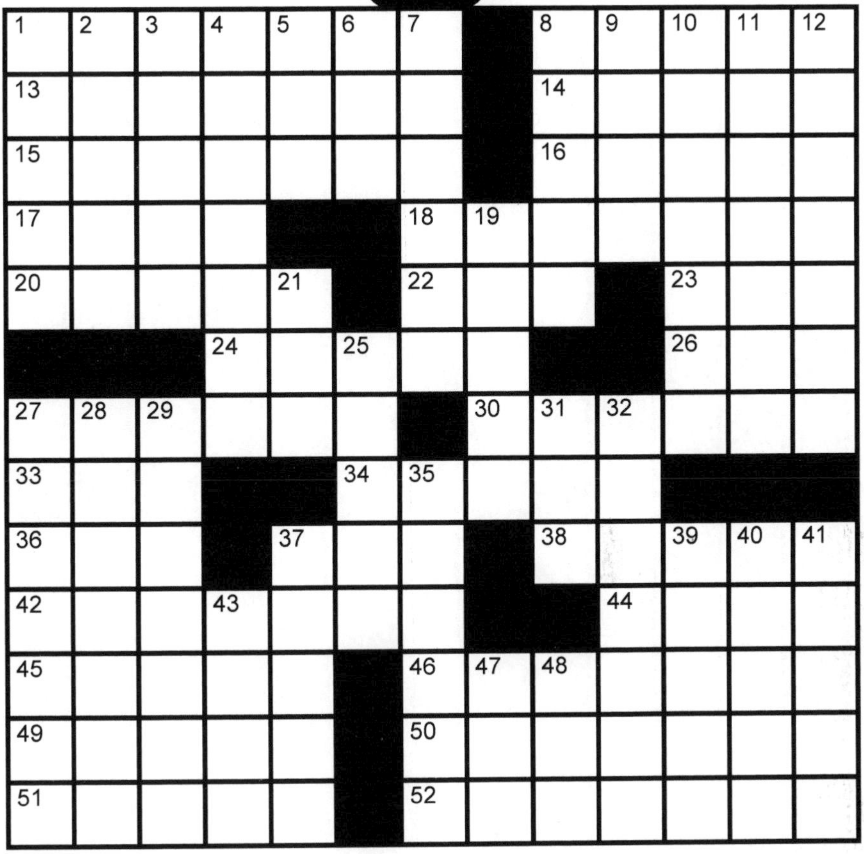

**3 letters**
Aba
Ani
ATM
Coo
Eon
His
Lid
Pas
RNA
Rut
See
Use

**4 letters**
A lot
Kits
Sere
Taro

**5 letters**
Atrip
Cider
Croon
Dhoti
Ended
Hanoi
Noose
Ocean
Organ
Plato
Recto
Sacks
Saner
Septs
Shorn
Snare
Spies
Stabs
Stere
Toted

**6 letters**
Barter
Cognac
Spurge
Street

**7 letters**
Abutter
Angular
Antenna
Atheist
Boating
Braless
Cathode
Crosser
Dessert
En route
Leasing
Narrate
Ramadan
Saddhus
Sine die
Unearth

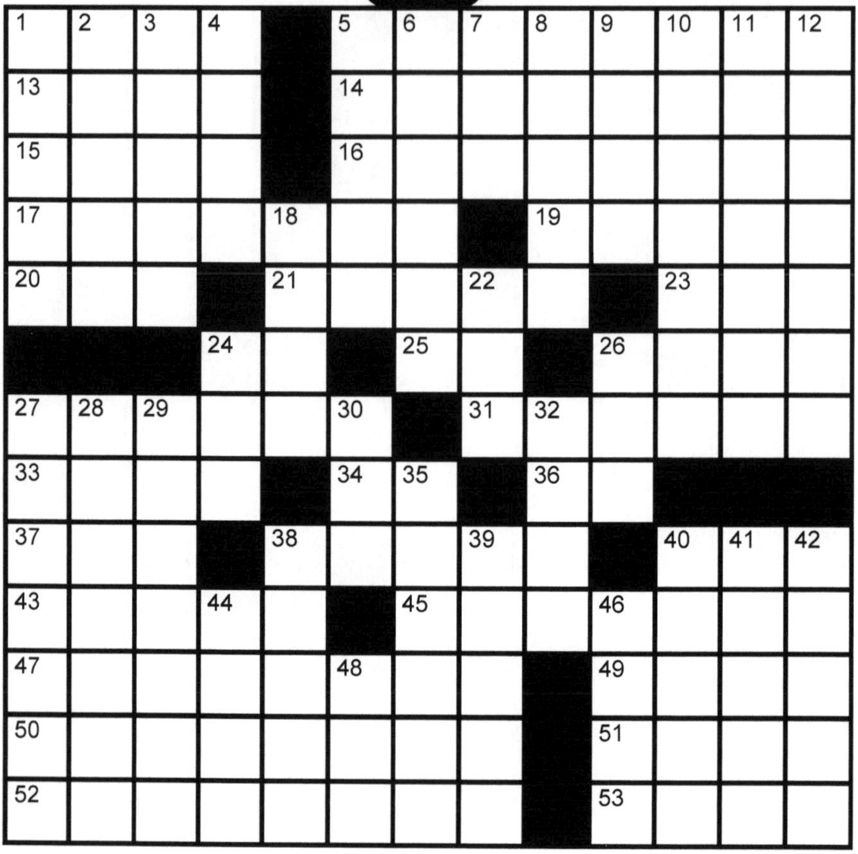

**2letters**
Am
As
At
So

**3letters**
Aid
Ass
Ear
Gas
ILO
Ode
One
Spy

Tan
Top

**4letters**
Ante
Aria
Goer
Iamb
Keel
Last
Lira
Need
Pees
Rapt
Rune

Sing
Trek
Wasp

**5letters**
Aerie
Aorta
Aroma
Cameo
Crass
Cyril
Decry
Entry
Mated
Run-up

Seers
Seine
Snags
Traps

**6letters**
Amours
Planes
Scribe
Tablet

**7letters**
Alienee
Between
Celesta
Platoon

Purlieu
Reoccur
Snidest
Solders

**8letters**
Amarillo
Catalpas
Escarole
Monorail
Stupider
Tartlets

# 10

| 2letters | Leu | Erne | Tine | Attracts |
|----------|-----|------|------|----------|
| Ad | Lip | Hoes | Trow | Cherokee |
| Go | Man | Iris | Veer | Diminish |
| It | Map | Iron | **5letters** | Integers |
| OK | Mrs | Lieu | Dweeb | Kerosene |
| **3letters** | Nab | Mere | Liven | Oratorio |
| Arc | Pal | More | Nines | Prie-dieu |
| Aye | Rat | Need | State | Suckered |
| Bah | Sac | Pant | **7letters** | **9letters** |
| CIA | Urn | Sere | Matisse | Comebacks |
| CIS | **4letters** | Sire | Nominal | Dollhouse |
| Eye | Ante | Spic | Resells | Menopause |
| Lac | Aped | Tanh | Scatter | Successor |
| Lek | Eons | Teas | **8letters** | |

## 11

| 3 **letters** | Tee | Karat | Remote | Voltage |
| Alp | Tie | Mooed | Tureen | 9 **letters** |
| Ant | Yaw | Nyala | 7 **letters** | Addressee |
| Art | 4 **letters** | Opted | Apolune | Enteritis |
| Bel | Idle | Pasta | Cut-rate | Reference |
| Cru | Item | Pests | Dipoles | Streetcar |
| Dup | Rate | Ran up | E-tailer | |
| ILO | Tope | Scott | Omnibus | |
| It'd | 5 **letters** | Stood | Opulent | |
| Lah | Cager | Tempi | Ordures | |
| Lea | Costs | Uteri | Pomaded | |
| Net | Deeds | 6 **letters** | Rehears | |
| Rap | Ewers | Attune | Stickup | |
| Tea | Fever | Enlist | Stopple | |

# 12

**3 letters**
Ear
ENE
Gem
Ill
LSD
May
Née
Neo-
One
Roe
Sin
Wot

**4 letters**

Agin
Oral
Tire
Unto

**5 letters**
Agile
Angst
Arena
Caret
Chino
Ergot
Inuit
Lento
Linen

Mayor
Ramie
Ratty
Retro
Savin
Snoot
Soots
Stone
Tasty
Torah
Tra-la

**6 letters**
Aflame
Answer

Camera
Tweeds

**7 letters**
Aniseed
Another
Artless
Attunes
Coracle
Ensiles
Erratic
Essence
Hansoms
Meeting
Oneself

Outsell
Red cent
Revenge
Sirenia
Welting

# 13

**2 letters**
Am
An
As
So

**3 letters**
Alp
Ate
Bat
GPO
Her
Lip
Mon
Not
Rat
Tam

**4 letters**
Ague
Ante
Area
Dune
Hate
Idol
Iran
Love
Napa
Plea
Pons
Prop
Tamp
Tote

**5 letters**
Adore
Agent
Baron
Bored
Endue
Inept
Mover
Rends
Scalp
Start
Stops
Tease
Tilth
Upend

**6 letters**
Falter
Sateen
Thawed
Topees

**7 letters**
Agonist
En suite
Famines
Laid low
Lunette
Steeped
Teenage
Treadle

**8 letters**
Appraise
Colorant
Estopped
Nitrogen
Stabiles
Stepsons

# 14

**2letters**
Be
It
On
Or

**3letters**
Bid
Bra
Dot
Eon
Hat
Her
Lea
Lee

Nab
Nip
Par
Pas
Pot
Rap
Rip
Rob
Sob
Tap

**4letters**
Abet
Acme
Ahem

Amah
Ante
Ares
Babe
Enid
Leys
Ores
Rime
Roan
Robe
Room
Sari
Suit
Taco

Tune
Ylem
Zero

**5letters**
Basal
He-men
Proem
Razor

**7letters**
Deposit
Later on
Sinatra
Starter

**8letters**

Abalones
Artistry
Beriberi
Coattail
Emanates
Esoteric
Maharani
Sorority

**9letters**
Acropolis
Diacritic
Politesse
Sidepiece

# 15

| 3 letters | | | 7 letters | 9 letters |
|---|---|---|---|---|
| Ate | USA | Enure | Neaten | Treater |
| Cap | Vie | Ergot | Ursine | **9 letters** |
| Dos | Yea | Event | **7 letters** | Heartless |
| Eel | **4 letters** | Genes | Acreage | Northwest |
| Elk | Anal | Idler | Astride | Relenting |
| End | Edit | Inert | Distend | Zeitgeist |
| Ice | Suit | Saree | Enhance | |
| Inn | Wads | Seder | Protein | |
| Neo- | **5 letters** | Since | Re-enter | |
| Rat | Adder | Troll | Saracen | |
| Res | Aline | Zests | Serpent | |
| She | Asper | **6 letters** | Sheller | |
| Tan | Astir | Chatty | Sulcate | |
| | Ennui | Deists | Tasking | |

# 16

| | | | | | | | | | | | |
|1|2|3|4|5|6|7| |8|9|10|11|12|
|13| | | | | | | |14| | | | |
|15| | | | | | | |16| | | | |
|17| | | | |18|19| | | | | | |
|20| | | |21| |22| | | |23| | |
| | |24| |25| | | | | |26| | |
|27|28|29| | | | |30|31|32| | | |
|33| | | | |34|35| | | | | | |
|36| | | |37| | | |38| |39|40|41|
|42| |43| | | | | |44| | | | |
|45| | | | |46|47|48| | | | | |
|49| | | | |50| | | | | | | |
|51| | | | |52| | | | | | | |

**3 letters**
CRT
Ere
Eta
Law
Lee
Mao
Moa
Out
Pus
Ten
Ton
Ult

**4 letters**

Aloe
Cell
Gore
Otic

**5 letters**
Dante
Drear
Elope
Ensue
Exile
Matey
Morse
Order
Pop in

Prier
Redly
Rosin
Scrod
Sells
Tacet
Tamps
Tater
Tepee
Terms
Theta

**6 letters**
Hassle
Morsel

Notice
Sparer

**7 letters**
Antacid
Cholera
Counsel
Easters
Elector
Epilate
Imperil
Poleaxe
Reagent
Renewal
Resents

Steeple
Stretch
Stutter
Tea cart
Topples

# 17

**3letters**
Ell
Ens
Key
Lee
Mas
Net
Ode
OTT
Pee
Pie
Tea
Ute

**4letters**
Sent
Tome
Tour
Wool

**5letters**
Amend
Arena
Celeb
Chest
Codon
Debar
Dress
Eagle
Euler

Laser
Lever
Noise
Onion
Piñon
Scary
Spree
Stage
Tonne
Trail
Tuned

**6letters**
Annals
Apnoea

Pampas
Retake

**7letters**
Adenoma
Adrenal
Apocope
Atlases
Clapper
Cutworm
Endless
Everest
Gonadal
Heroine
Netting

Neutral
Petunia
Portico
Puerile
Sellers

## 18

| 3 letters | | | |
|-----------|---------|---------|-----------|
| Act | O'er | Essen | Taster | Secrets |
| Add | One | Foals | Tutted | **9 letters** |
| Air | Ron | Ingot | **7 letters** | Dockyards |
| Ave | **4 letters** | Keens | Alienee | Emergency |
| Cru | Iron | Nisei | Ashcans | Gastritis |
| Dub | Rhea | Norse | Astarte | Refusenik |
| ENE | Side | Ovule | At large | |
| Eve | Teak | Rites | Burnett | |
| Had | **5 letters** | Seers | Charlie | |
| Hap | Acres | Serum | Liaison | |
| Her | Allot | Tribe | Nervous | |
| Lac | Anode | **6 letters** | Orients | |
| Ned | Ceria | Auntie | Readers | |
| | Debar | Sheath | Repulse | |

# 19

| 1 | 2 | 3 | 4 | 5 | 6 | 7 | | 8 | 9 | 10 | 11 | 12 |
|---|---|---|---|---|---|---|---|---|---|---|---|---|
| 13 | | | | | | | | 14 | | | | |
| 15 | | | | | | | | 16 | | | | |
| 17 | | | ■ | | 18 | | 19 | | ■ | 20 | | |
| 21 | | | 22 | 23 | | | | | ■ | 24 | | |
| ■ | | 25 | | | | ■ | 26 | | 27 | | | |
| 28 | 29 | 30 | | | ■ | ■ | 31 | | | | | |
| 32 | | | | 33 | ■ | 34 | | | ■ | ■ | ■ | ■ |
| 35 | | ■ | 36 | 37 | | | | 38 | 39 | 40 | | |
| 41 | | ■ | 42 | | | ■ | 43 | | | | | |
| 44 | | 45 | | ■ | 46 | 47 | 48 | | | | | |
| 49 | | | | ■ | 50 | | | | | | | |
| 51 | | | | ■ | 52 | | | | | | | |

**3letters**
Ado
Are
Ate
Eve
Far
Gel
Gnu
Lat
Lid
Mrs
NYC
Per
Ran

Tea
Ten
URL

**4letters**
Area
Corn
Neve
Veto

**5letters**
Avers
Cling
Elate
Ethos
Galls

Haste
Holed
Laden
Nonce
Odium
Reset
Riles
Rover
Scene
Scrap
Theta

**6letters**
Arcane
Eleven

Ice age
Plenum

**7letters**
Acrylic
Chorale
Descale
English
Limners
Lingual
Lucerne
Reveres
Run into
Smelled
Smudges

Strafer

**9letters**
Avalanche
Gonorrhea
Manganese
Parameter

## 20

**3letters**
Act
Ago
Can
End
Era
Ere
Err
Hit
Mph
Née
Pan
Pie

**4letters**
Abel
Goat
Meme
Sill

**5letters**
Algae
Arena
Crate
Damps
Enema
Gloms
Guano
Hasps
Homer
Licit
Meany
Molar
Mulla
Obeah
Paste
Petal
Revet
Smell
State
Steer

**6letters**
Bushel
Moppet
Nectar
Undies

**7letters**
Aniseed
Becalms
Coagula
Epilate
Gresham
Impulse
Lentigo
Overtop
Paellas
Panacea
Sanicle
Sealant
Shearer
Shyster
Stretch
Uranium

# 21

**2 letters**
Am
Pi
So
Yo

**3 letters**
Ale
Ash
Due
Eat
GPO
Not
Pat
Pet

Set
Too

**4 letters**
Aloe
Bias
Emir
Erne
Erst
Hype
Lair
Meme
Mete
Poet
Riel

Salt
Tael
Test

**5 letters**
Alias
Anent
Aspen
Clear
Dimer
Edict
Egret
Loath
Messy
Re-let

Sabra
Stamp
Studs
Units

**6 letters**
Master
Shares
Sphere
Tholes

**7 letters**
Escapee
Heeltap
Polenta
Rattler

Seeming
Senegal
Sparest
Sterols

**8 letters**
Asperses
Entrusts
Patience
Shadiest
Standees
Tapestry

# 22

| 2 letters | Oar | Bide | Pane | Animator |
|-----------|-----|------|------|----------|
| At | Oat | Bond | Pone | Catacomb |
| Ma | Roe | Darn | Tapa | Explodes |
| Pi | Rot | Dona | **5 letters** | Nematode |
| To | Sac | Eddy | Alert | Oratorio |
| **3 letters** | Soy | Enol | Nudge | Seminary |
| Ail | Tat | Goer | Oiled | Tenement |
| Are | Tie | Lamp | Palsy | Unopened |
| Bur | Tom | Lane | **7 letters** | **9 letters** |
| Eta | Ton | Mire | Bitumen | Colleague |
| Gum | **4 letters** | Mood | Codicil | Laborious |
| Him | Amah | Nine | Emerald | Sometimes |
| Hod | Amex | Norm | Marshal | Treasurer |
| Lit | Arid | Oral | **8 letters** | |

# 23

**2letters**
Am
An
So
Yo

**3letters**
Air
Due
Eat
GPO
Her
MBA
Not
Pat

Sit
Too

**4letters**
Aide
Emir
Erst
Hype
Mall
Mann
Mere
Ogre
Plea
Rete
Riel

Ruhr
Swap
Tael

**5letters**
Alder
Anent
Aspen
Clear
Dimer
Edict
Egret
Messy
Repot
Smash

Stamp
Stirs
Units
Waite

**6letters**
Arsine
Master
Shares
Tholes

**7letters**
Armrest
Escapee
Rubella
Seeming

Senegal
Shape up
Steamer
Sterols

**8letters**
Asperses
Elegists
Patience
Shadiest
Slurries
Tapestry

# 24

| 3 letters | Agar | Grass | Sneeze | Pandora |
|-----------|------|-------|--------|---------|
| Ale | Area | Horse | Triste | Pestles |
| Are | Aria | Loire | **7 letters** | Re-enter |
| Era | Dele | Macro | Centers | Shapers |
| EST | **5 letters** | Maple | Cochran | Theatre |
| Hat | Acmes | Nadir | Elaters | |
| Hue | Agate | Riels | Elocute | |
| Leu | Areal | Rodeo | Erratic | |
| Men | Bhang | Roots | Eurasia | |
| Rad | Bison | Saree | Ileitis | |
| Rob | Cisco | Testy | Inhabit | |
| Yon | Debar | **6 letters** | Laciest | |
| Zoo | Éclat | Italic | Lambada | |
| **4 letters** | Ester | Serene | Limeade | |

# 25

**2letters**
At
Is
So
To

**3letters**
Hat
Mao
Nom
Pea
The
Tie
Top
Wan

Wee
Yew

**4letters**
Able
Aloe
Ante
Cold
Etch
Harm
Holy
Lade
Lass
Lira
Moss

Seat
Sloe
Thor

**5letters**
Atoll
Latte
Lease
Malay
Nerdy
Nosed
On ice
Pasta
Plush
Strew

Teens
Thine
Utile
Wahoo

**6letters**
Cachet
Octets
Playas
Serene

**7letters**
Abalone
Acetate
Ate away
Camphor

Clouted
Esteems
Roseate
Tessera

**8letters**
Acetates
Hotlines
One-on-one
Populate
Redeemed
Staidest

## 26

| 1 | 2 | 3 | 4 | 5 | 6 | 7 | 8 | | 9 | 10 | 11 | 12 |
| 13 | | | | | | | | | 14 | | | |
| 15 | | | | | 16 | | | | 17 | | | |
| 18 | | | | 19 | | 20 | | 21 | | | | |
| | | | 22 | | 23 | | 24 | | | | 25 | |
| 26 | 27 | 28 | | | | 29 | | | | 30 | | |
| 31 | | | | | 32 | | | | 33 | | | |
| 34 | | | | 35 | | | | 36 | | | | |
| 37 | | | 38 | | | | 39 | | | | | |
| 40 | | 41 | | | | 42 | | 43 | | 44 | 45 | 46 |
| 47 | | | | 48 | | 49 | | 50 | | | | |
| 51 | | | | 52 | | 53 | | | | | | |
| 54 | | | | 55 | | | | | | | | |

**2letters**
At
Me
No
Or

**3letters**
Ail
Arm
Arp
Auk
Bah
Car
Cue
Ebb

Eel
Eon
EST
Fat
Lei
Lie
Mid
Nor
Pat
Yet

**4letters**
Acer
Alee
Aloe

Area
Bite
Deed
Ebon
Feds
G-man
Hide
Hire
Liar
Mist
Oats
Rile
Root
Sail

Shah
Sled
Tile

**5letters**
Amend
Knobs
Nervy
Shard

**7letters**
Crammer
Flenses
Prevent
Rear-end

**8letters**

Adenoids
Diatribe
Grapnels
Headrest
Impacted
Microbic
Roomette
Stressed

**9letters**
Aerialist
Identical
Life peers
Schematic

# 27

| 3 letters | Ran | Erect | Russet | Toppers |
|-----------|-----|-------|--------|---------|
| Air | TNT | Latin | Terser | 9 letters |
| Baa | Vat | Lotte | 7 letters | Avuncular |
| BAs | 4 letters | Obese | Acetate | Energetic |
| Boa | Role | Patio | Amenity | Gallstone |
| Eel | Scan | Preen | Apatite | Superpose |
| Ido | Soap | Skype | Atavist | |
| Ike | Tray | Sorts | Cigaret | |
| Ira | 5 letters | Stall | Grinder | |
| Nip | Abaca | Usage | In haste | |
| Oar | Agree | Vatic | Oddness | |
| Our | Aisle | 6 letters | Restore | |
| Pan | Amino | Beyond | Spirals | |
| PhD | Eases | Pomelo | Tokamak | |

# 28

| | | | | | | | | | | | |
|1|2|3|4|5|6|7|█|8|9|10|11|12|
|13| | | | | | |█|14| | | | |
|15| | | | | | |█|16| | | | |
|17| | | |█| |18|19| | | | | |
|20| | |█|21|█|22| | |█|23| | |
|█|█|24| |█|25| | |█|26| | | |
|27|28|29| | | |█| |30|31|32| | |
|33| | |█|█|34|35| | | |█|█|█|
|36| | |█|37| | |█|38| |39|40|41|
|42| | |43| | | |█| |44| | | |
|45| | | |█|46|47|48| | | | | |
|49| | | |█|50| | | | | | | |
|51| | | |█|52| | | | | | | |

**3 letters**
Ape
Arc
Dim
Err
Eta
Hem
Inn
Oft
Pie
Roe
Tat
Toe

**4 letters**
Aloe
Coda
Lack
Lean

**5 letters**
Adore
Alary
Apple
Brain
Cameo
Camps
Carat
Caste
Desks

Educe
Enact
Ester
Moore
Oases
Pints
Slues
Sober
Sones
Titan
Torso

**6 letters**
Chaser
Degree

Sarees
Senate

**7 letters**
Amritas
Ascites
Attempt
Chested
Enforce
Entrées
Heroine
Iciness
Man-made
Placate
Preppie

Puritan
Reactor
Riotous
Soiling
Systems

# 29

| 1 | 2 | 3 | 4 | | 5 | 6 | 7 | 8 | 9 | 10 | 11 | 12 |
|---|---|---|---|---|---|---|---|---|---|----|----|----|
| 13 | | | | | 14 | | | | | | | |
| 15 | | | | | 16 | | | | | | | |
| 17 | | | | 18 | | | | 19 | | | | |
| 20 | | | | 21 | | | 22 | | | 23 | | |
| | | | 24 | | | 25 | | | 26 | | | |
| 27 | 28 | 29 | | | 30 | | 31 | 32 | | | | |
| 33 | | | | | 34 | 35 | | 36 | | | | |
| 37 | | | | 38 | | | 39 | | | 40 | 41 | 42 |
| 43 | | | 44 | | 45 | | | 46 | | | | |
| 47 | | | | 48 | | | | 49 | | | | |
| 50 | | | | | | | | 51 | | | | |
| 52 | | | | | | | | 53 | | | | |

**2letters**
Be
Is
Me
So

**3letters**
Abo
Bit
CIS
Etc
Inn
Ore
Pot
Sir

TNT
Top

**4letters**
Abit
Ante
Edit
Line
Loin
Mice
Nail
Once
Rice
Slot
Teen

Tree
Umbo
Well

**5letters**
Apnea
Audio
Blini
Cense
Crumb
Enemy
Kline
Linen
Meeds
Meter

Octet
Often
Ratty
Smart

**6letters**
Caries
Purger
Shorts
Subset

**7letters**
Abilene
Beowulf
Cackler
Essence

Re-enter
Risible
Seating
Sterner

**8letters**
Asperses
Enlisted
Lebanese
Notecase
Phoniest
Reelects

# 30

| 2letters | Lap | Area | Town | Americas |
|---|---|---|---|---|
| He | Mum | Bail | Urea | Coattail |
| I'm | Ned | Egad | Yeas | Entrants |
| It | Ooh | Elan | **5letters** | Hastened |
| Or | RAF | Else | Melee | Palomino |
| **3letters** | Rod | Lent | Payee | Seashore |
| Apt | Roe | Lice | Psalm | Sociable |
| Bum | Ron | Magi | Sinew | Swooning |
| Cat | Rot | Megs | **7letters** | **9letters** |
| Cig | Wet | Ogee | Abreast | Bottle-fed |
| Cot | **4letters** | Oops | Attempt | Decompose |
| Ear | Agin | Pare | Persona | Scattered |
| Gnu | Anna | Push | Rodents | Soubrette |
| Hot | Apes | Tics | **8letters** | |

# 31

| 1 | 2 | 3 | 4 | 5 | 6 | 7 | | 8 | 9 | 10 | 11 | 12 |
| 13 | | | | | | | | 14 | | | | |
| 15 | | | | | | | | 16 | | | | |
| 17 | | | | | 18 | | 19 | | | 20 | | |
| 21 | | | 22 | 23 | | | | | | 24 | | |
| | | | 25 | | | | | 26 | | 27 | | |
| 28 | 29 | 30 | | | | | | | 31 | | | |
| 32 | | | | | 33 | | 34 | | | | | |
| 35 | | | | 36 | | 37 | | | | 38 | 39 | 40 |
| 41 | | | | 42 | | | | | | 43 | | |
| 44 | | | 45 | | | 46 | | 47 | 48 | | | |
| 49 | | | | | | 50 | | | | | | |
| 51 | | | | | | 52 | | | | | | |

**3letters**
Ado
Ant
Arc
Con
Cos
Eel
ESP
Mid
Mix
Opt
Owl
Pee
RNA
Rob
Set
Ute

**4letters**
East
Elan
Onus
Rode

**5letters**
Abbot
Anile
Cooee
Croci
First
Ivied
Lucre
Noddy
Offer
Rases
Rondo
Sense
Style
Traps
Trial
Troll

**6letters**
Acetic
Corner
Mishap
Unrest

**7letters**
Adopted
Chamois
Epoxies
Fascist
Foolery
Forwent
Ice over
Inbound
Lottery
Octopus
Radicle
Retsina

**9letters**
Antipodes
Police car
Releasers
Transonic

# 32

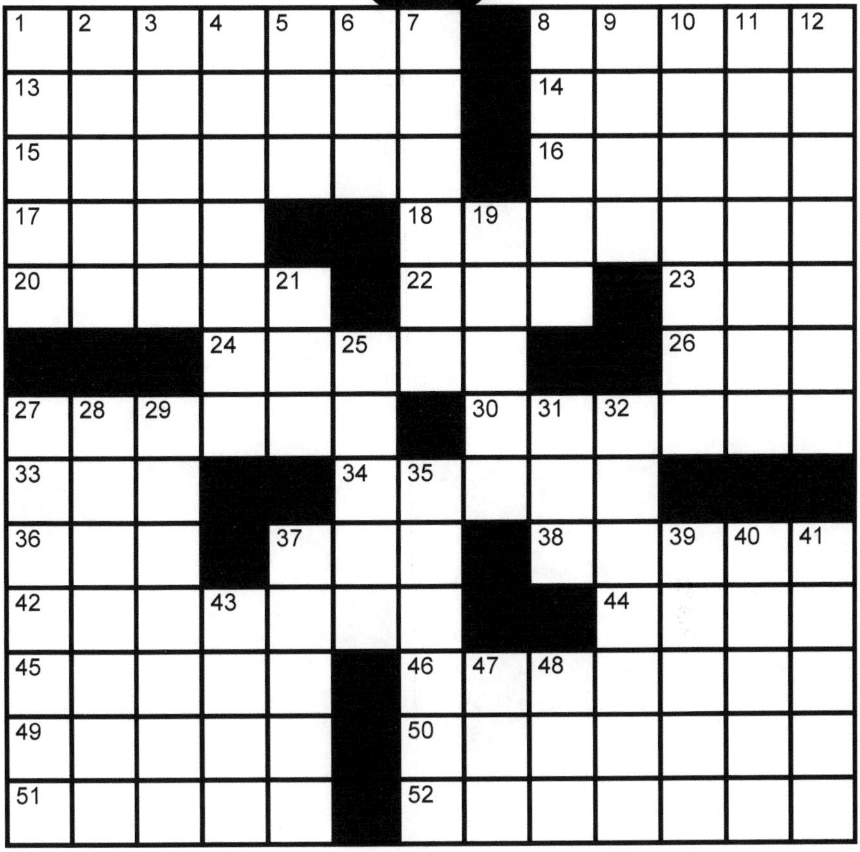

**3 letters**
Dan
ENE
Eve
His
Lee
Mad
Men
Oar
Set
Sir
Tee
Wig

**4 letters**
Lore
Pose
Pout
Rent

**5 letters**
Again
Anils
Annoy
Arose
Clops
Delta
Endue
Genie
Grain
Helot
Regal
Sagas
Sayer
Slick
Stave
Stays
Steel
Steer
Tense
Tonal

**6 letters**
Chaser
Grease
Strata
Thorax

**7 letters**
Adverse
Ammonia
Argonne
Cassava
Chesses
Cowpats
Endless
Hairnet
In order
Kleenex
Lenient
Oldster
On a roll
Propane
Sea lily
Sisters

## 33

| 1 | 2 | 3 | 4 | 5 | 6 | 7 | | 8 | 9 | 10 | 11 | 12 |
|---|---|---|---|---|---|---|---|---|---|---|---|---|
| 13 | | | | | | | | 14 | | | | |
| 15 | | | | | | | | 16 | | | | |
| 17 | | | | | | 18 | 19 | | | | | |
| 20 | | | 21 | | 22 | | | | 23 | | | |
| | | 24 | | 25 | | | | | 26 | | | |
| 27 | 28 | 29 | | | | | 30 | 31 | 32 | | | |
| 33 | | | | 34 | 35 | | | | | | | |
| 36 | | | 37 | | | | 38 | | | 39 | 40 | 41 |
| 42 | | 43 | | | | | | 44 | | | | |
| 45 | | | | | 46 | 47 | 48 | | | | | |
| 49 | | | | | 50 | | | | | | | |
| 51 | | | | | 52 | | | | | | | |

**3letters**
Ave
Car
Ira
Lay
Lee
Lip
Ned
Née
One
Ova
Rub
TNT

**4letters**
Chat
Gobi
Mask
Toll

**5letters**
Abase
Acmes
Aires
Allot
Amour
Assay
Bemas
Guile
Largo

Modem
Obese
Reeks
Saris
Sewer
Shame
Silts
Sonar
Steel
Tacts
Weave

**6letters**
Garble
Groats

Merger
Settee

**7letters**
Alumina
Amplest
Blatant
Clipper
Earlobe
Eminent
Evenest
Gonadal
Maranta
Oregano
Radomes

Scissor
Sestets
Slimier
Tagalog
Trainee

# 34

| | | | | | | | | | | | |
|---|---|---|---|---|---|---|---|---|---|---|---|
| 1 | 2 | 3 | 4 | 5 | 6 | 7 | 8 | | 9 | 10 | 11 | 12 |

**2letters**
In
It
Me
Pi

**3letters**
Arm
Bin
Boo
Coo
Dig
Elf
Fun
Ion

Ire
Jot
Lag
Lie
Nan
Set
Sir
Soy
Tab
Tic

**4letters**
Abit
Aria
Echt

Graf
Hole
Iced
Iris
Mink
Moot
Neat
Obit
Pica
Rani
Rink
Shop
Sloe
Tabu

Taro
Trig
Yoke

**5letters**
Burgh
Penne
Putts
Stake

**7letters**
Grandma
Minuter
Tattles
Tom-toms

**8letters**

Attaints
Champion
Habanera
Military
Noumenal
Oratorio
Statists
Tenerife

**9letters**
Conations
Enjoyment
Modernism
Sacristan

# 35

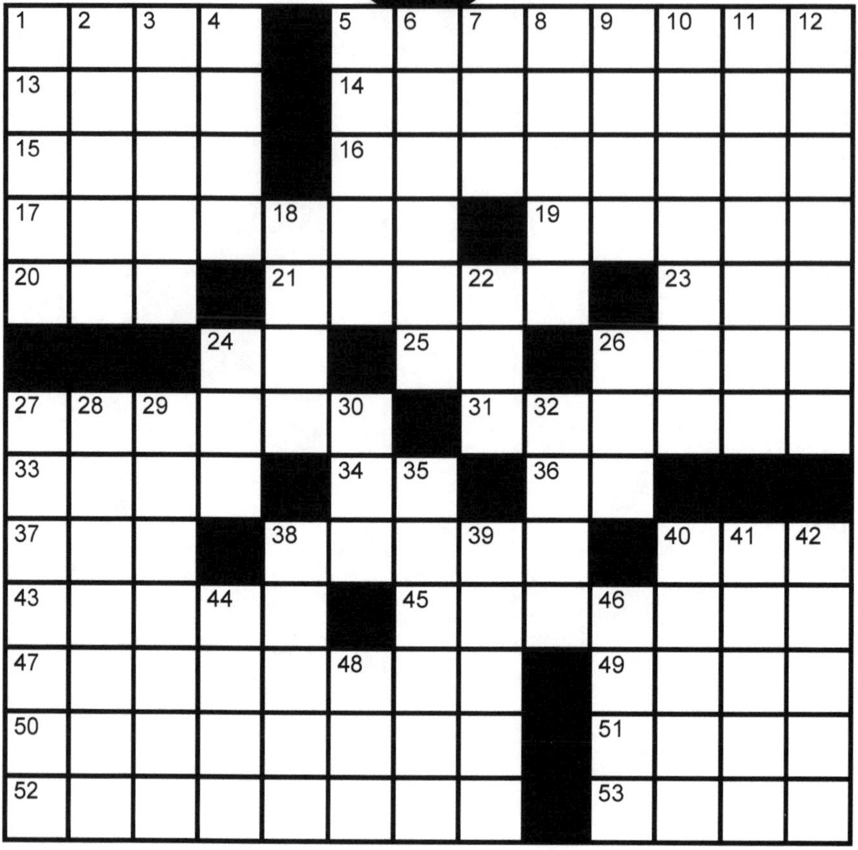


**2 letters**
An
Is
So
To

**3 letters**
Arp
Art
Dis
Ira
Rap
Sot
Tan
The
Tie
Top

**4 letters**
Aloe
Anon
Arch
Clef
Cure
Ease
Erne
Heft
Rape
Sass
Spay
Sums
Tear
True

**5 letters**
Accra
Aroma
Biota
Cered
Crest
Latte
Maori
Nares
Pansy
Ruler
Run-up
Spice
Teens
Tints

**6 letters**
Assets
Pearls
Sachet
Secede

**7 letters**
Arrases
Caesura
Cupolas
Deodars
Enteral
Restate
Stamina
Tearier

**8 letters**
Assesses
Basseted
Islander
Isoprene
Neap tide
Ostinato

# 36

## 3 letters
Ave
E'en
ENE
Ere
Hub
ILO
Ire
Lee
Nip
Oca
Rag
REM

## 4 letters
Alot
Hare
Navy
Tote

## 5 letters
Aider
Allot
Alone
Arose
Babel
Basts
Baton
Cento
Event
Lyses
Nerve
Octad
Paced
Passé
Rheum
Seder
Sousa
Steal
Suite
There

## 6 letters
Herbal
Sherds
Target
Tee-hee

## 7 letters
Acetone
Alumina
Basinet
Borates
Cashier
Courier
Deacons
Earache
Egested
Emanate
Ensiled
Gastric
Impeach
Laments
Slipper
Tricots

# 37

| 1 | 2 | 3 | 4 | | 5 | 6 | 7 | 8 | 9 | 10 | 11 | 12 |
| 13 | | | | | 14 | | | | | | | |
| 15 | | | | | 16 | | | | | | | |
| 17 | | | | 18 | | | | 19 | | | | |
| 20 | | | | 21 | | | 22 | | | 23 | | |
| | | | 24 | | | 25 | | | 26 | | | |
| 27 | 28 | 29 | | | 30 | | 31 | 32 | | | | |
| 33 | | | | | 34 | 35 | | 36 | | | | |
| 37 | | | | 38 | | | 39 | | | 40 | 41 | 42 |
| 43 | | | 44 | | | 45 | | | 46 | | | |
| 47 | | | | | 48 | | | | 49 | | | |
| 50 | | | | | | | | | 51 | | | |
| 52 | | | | | | | | | 53 | | | |

**2letters**
So
Up
Us
We

**3letters**
All
Art
But
Cry
ENE
FAA
Ore
Pas

Sow
Wok

**4letters**
Ahem
Alto
Eats
Eggs
Hunk
Leak
Mare
Oboe
Pear
Pipe
Seem

Sore
Tier
Yoke

**5letters**
Adept
Afore
After
Aviso
Emote
Folio
Gabon
Grope
House
Level

Lisle
Raids
Stern
Stria

**6letters**
Aplomb
Cactus
Petted
Whaler

**7letters**
Alcalde
Euterpe
Layette
Per diem

Smelter
Takeoff
Topmast
Travail

**8letters**
Acolytes
Detailed
Emeralds
Ice skate
Literati
Variorum

# 38

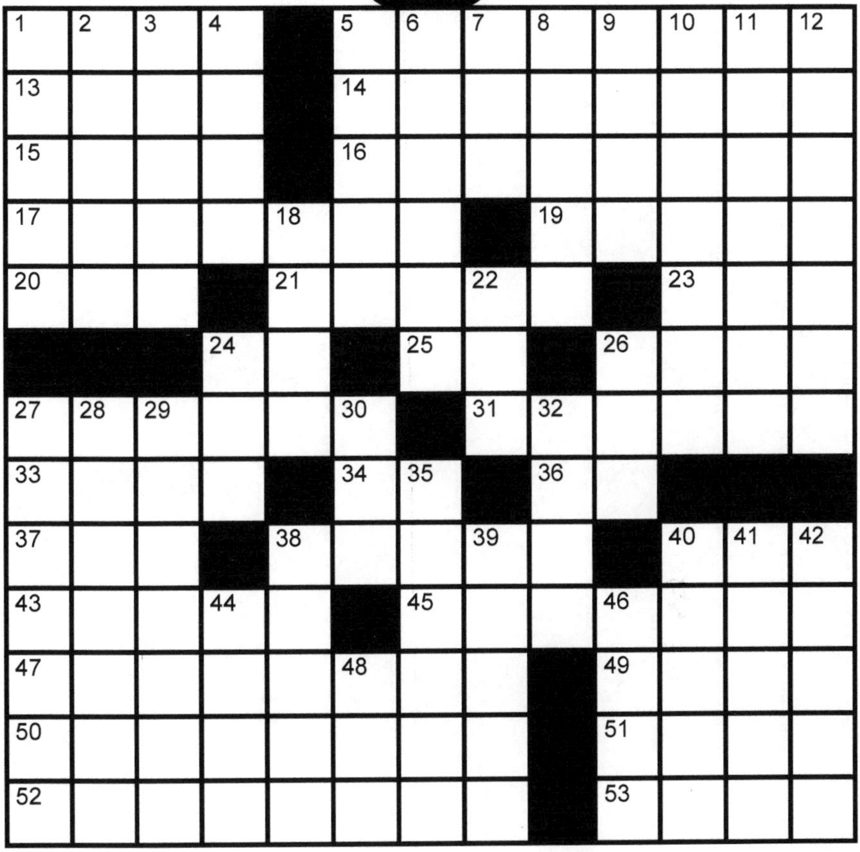

**2 letters**
At
Id
I'm
Us

**3 letters**
Cab
Cru
Emu
Gar
GSA
Jot
Née
One
Sir
Urn

**4 letters**
Aeon
Anna
Bake
Ceps
Duct
Erin
Hush
Jism
Lair
Peer
Rang
Stun
Trey
Unit

**5 letters**
Adler
Aided
Anton
Antsy
Break
Bwana
Eat up
Erode
Goner
Inure
Lasso
Resew
Swipe
Upper

**6 letters**
Delete
Myrrhs
Scampi
U-boats

**7 letters**
Ammonia
Deadest
Esteems
Lie down
Macramé
Rousers
Sorghum
Yerevan

**8 letters**
Academes
Averaged
Ensnared
Escapade
Marinate
Table mat

# 39

**3letters**
Ana
Are
Bee
Ism
Led
Lox
Mas
Out
Roc
See
Ten
Tsp

**4letters**
Ides
Rill
Sent
Soil

**5letters**
Acted
Alary
Assai
Bitty
Coact
Credo
Ensue
Holes
Inlet

Leper
Noses
Pinta
Plies
Preen
Scent
Sit-in
Tappa
Terms
Testy
Tithe

**6letters**
Heifer
Modest

Negate
Resale

**7letters**
Achenes
Armenia
Atelier
Dearest
Ecstasy
Essence
Hit list
Impales
Iron ore
Iterant
Leasing

Oneself
Satiate
Scholar
Telexes
Toaster

## 40

| 1 | 2 | 3 | 4 | | 5 | 6 | 7 | 8 | 9 | 10 | 11 | 12 |
| 13 | | | | | 14 | | | | | | | |
| 15 | | | | | 16 | | | | | | | |
| 17 | | | | 18 | | | | 19 | | | | |
| 20 | | | | 21 | | | 22 | | | 23 | | |
| | | | 24 | | | 25 | | | 26 | | | |
| 27 | 28 | 29 | | | 30 | | 31 | 32 | | | | |
| 33 | | | | | 34 | 35 | | 36 | | | | |
| 37 | | | | 38 | | | 39 | | | 40 | 41 | 42 |
| 43 | | | 44 | | | 45 | | | 46 | | | |
| 47 | | | | | 48 | | | | 49 | | | |
| 50 | | | | | | | | | 51 | | | |
| 52 | | | | | | | | | 53 | | | |

**2letters**
Am
Pi
So
Yo

**3letters**
Ale
Due
Eat
GPO
Not
Pat
Pet
Ply

Set
Too

**4letters**
Aria
Emir
Erne
Erst
Home
Hype
Lair
Meme
Mete
Neat
Poet

Riel
Scan
Tael

**5letters**
Amity
Anent
Aspen
Clear
Coral
Dimer
Edict
Egret
Messy
Re-let

Sharp
Stamp
Studs
Units

**6letters**
Master
Shares
Sphere
Tholes

**7letters**
Escapee
Heeltap
Polenta
Rattler

Seeming
Senegal
Sparest
Sterols

**8letters**
Asperses
Entrusts
Patience
Shadiest
Standees
Tapestry

## 41

| 3**letters** | Sat | Cries | Erupts | Trestle |
|---|---|---|---|---|
| Amp | Sip | Ictus | Pilate | 9**letters** |
| Ass | Urn | Inner | 7**letters** | Associate |
| Ate | 4**letters** | Niobe | Arousal | Copasetic |
| Cos | Item | Oiled | Arrears | Obnoxious |
| Cur | Lire | Opals | Canonic | Testatrix |
| ENE | Peso | Orate | Cochlea | |
| Hen | Taut | Perch | Crumpet | |
| Lao | 5**letters** | Pilot | Hampers | |
| Mum | Antra | Scene | Icecaps | |
| Not | Aster | Tripe | Librate | |
| Poi | Boric | 6**letters** | Rain out | |
| RNA | Carat | Camera | Remains | |
| Ron | Casts | Carton | Scented | |

# 42

| 3letters | Amir | Needs | Essays | Ratchet |
| --- | --- | --- | --- | --- |
| Ant | Clew | Oldie | Untold | Sedates |
| Ash | Silt | Pomes | 7letters | Stashes |
| Can | Wale | Press | Ankuses | Stunner |
| Ere | 5letters | Scamp | Antenna | Vocalic |
| FBI | Algae | Scats | Aviator | |
| Fie | Aloud | Skald | Bus lane | |
| Gee | Amide | Swiss | Corrupt | |
| Its | Basso | Trews | Deicers | |
| Née | Carte | Until | Iron Age | |
| Ova | Chess | Utile | Libidos | |
| Rig | Erase | 6letters | Lustier | |
| Yes | Gusto | Carrel | Off-line | |
| 4letters | Minor | Divers | Ragtime | |

# 43

| 2 letters | Pig | Blue | Thai | Achromat |
|-----------|-----|------|------|----------|
| As | Rat | Even | Tone | Christen |
| It | Sir | Flee | Yell | Heat wave |
| No | Tec | Gore | **5 letters** | Procaine |
| Or | Teg | Hers | Adieu | Scrofula |
| **3 letters** | Tie | Iced | Agate | Semester |
| Ail | Tin | Leaf | Agent | Titaness |
| Arc | URL | Loti | Sibyl | Yourself |
| Art | Wit | Nest | **7 letters** | **9 letters** |
| Cru | Wok | Pear | Arrears | Catalepsy |
| Ems | **4 letters** | RICO | Lattice | Charlatan |
| Mar | Alps | Sail | Swagger | Pacemaker |
| Mas | Ares | Tapa | Tariffs | Stratagem |
| Pic | Atom | Tare | **8 letters** | |

## 44

**3 letters**
Air
Ani
Bat
Bee
Eat
Eel
Emu
Ids
Ism
Man
Oca
Rib
Sic
Sty
Tau
Tug

**4 letters**
Earn
Gore
Ruin
Tier

**5 letters**
Abaca
Acorn
Adorn
Biped
Lotte
Miser
Pewee
Sager
Scene
Stall
Stere
Stoma
Tag on
Tamed
Tidal
Upset

**6 letters**
Banana
Bottle
Grunge
Ringer

**7 letters**
Ageists
Day care
Drastic
End user
Enticer
Outmode
Passage
Petunia
Swaging
Tomtits
Treadle
Upstart

**9 letters**
Embarrass
Ginger ale
Latecomer
Telegenic

# 45

| 3 letters | 4 letters | 5 letters | 6 letters | 7 letters | |
|-----------|-----------|-----------|-----------|-----------|-----------|
| Aba | Aunt | Angst | Earful | Apriori | Nieces |
| Art | Chin | Arena | Lessee | Astarte | Noodle |
| Buy | Grit | Arsis | Ideal | Barrier | Omicron |
| Eat | Race | Auras | Inert | Boatman | Restate |
| ENE | | Barge | Magma | Cantata | Styrene |
| Ere | | Chile | Maine | Ecuador | Titters |
| Lie | | Dicta | Nerve | Fearing | Unbolts |
| Moa | | Easel | Nonce | Greased | |
| Oct | | Greed | Oiled | Leanest | |
| Old | | | Opera | Lobbing | |
| Ova | | | Realm | Martial | |
| Sir | | | Rinse | | |
| | | | Tints | | |

# 46

**2letters**
He
Hi
It
So

**3letters**
Bee
Doe
Dot
Eat
E'er
Lac
Mot
Roe

Rue
Rut
Sac
Sag
Sat
Say
Sea
Top
Vat
Vie

**4letters**
Alee
Atop
Aura

Demi-
Eire
Erie
Flea
Iran
Lair
Nans
Omit
Onus
Phil
Rain
Real
Ritz
Silo

Thai
Tiro
Yeah

**5letters**
Arabs
Bolts
Ditsy
Tetra

**7letters**
Possess
Sweeper
Throaty
Trebles

**8letters**

Anathema
Flathead
Inositol
Laureate
Marshall
Nauseate
Positron
Theorize

**9letters**
Competent
Deposited
Paregoric
Speedwell

# 47

| | | | | | | | | | | | |
|---|---|---|---|---|---|---|---|---|---|---|---|
| ¹ | ² | ³ | ⁴ | ⁵ | ⁶ | ⁷ | | ⁸ | ⁹ | ¹⁰ | ¹¹ | ¹² |

3**letters**
Apr
Big
Lab
Lad
Lie
Ode
Ono
Ram
Rho
Sir
Tea
Try

4**letters**
Lady
Odor
Seta
Tony

5**letters**
Abeam
Adore
Allot
Basts
Burst
Catty
Costs
Crane
Elide

Nisei
Retie
Sires
Slays
Solar
Stain
Steal
Steer
Tarry
Tonic
Trice

6**letters**
Breast
Classy

Cosset
Gyrate

7**letters**
Already
Amusing
Arbiter
Attract
Backlog
Corpses
Kenyans
On a roll
Praline
Sectary
Shinier

Slander
Somalia
Sonatas
Toggery
Triceps

## 48

| 2 **letters** | Lei | Cord | Tilt | Criteria |
|---|---|---|---|---|
| It | Ley | Darn | To-do | Endoderm |
| Ma | Lip | Even | Were | Entr'acte |
| No | Nab | Evil | 5 **letters** | Koinonia |
| To | Née | Iron | Retie | Oratorio |
| 3 **letters** | Not | Lair | Toe-in | Pacifism |
| Are | Pas | Mods | Tunes | Stainers |
| Bid | Pod | Pert | Yawls | Telemark |
| Cap | Sat | Rete | 7 **letters** | 9 **letters** |
| Doc | Tar | Riot | Focused | Deference |
| End | 4 **letters** | Seal | Insipid | Petal-like |
| Fat | Adds | Sire | Pleased | Politesse |
| Ire | Aide | Skat | Trailer | Sacristan |
| Lac | Arid | Slam | 8 **letters** | |

# 49

**3letters**
And
Art
Cam
Cur
Eel
Hop
I've
Lea
New
Nos
Ono
Pit
Sae

Spa
Tic
Urn

**4letters**
Dawn
Lama
Pile
Tune

**5letters**
Admit
At sea
Chive
Crane
Easel

Erect
Incog
Let in
Mates
Nerve
Opera
Plate
Stall
Sward
Toter
'tween

**6letters**
Allege
Concur

Recess
Reopen

**7letters**
Acetate
Aconite
Attuned
Creases
Cripple
Drosera
Genteel
Mascara
Overage
Reviler
Run over

Tsardom

**9letters**
Interleaf
Ipso facto
President
Saltpeter

## 50

**3 letters**
Are
Bit
Cat
ENE
Eon
Old
Ore
Our
Rah
See
Tai
Tea

**4 letters**
Aped
Rile
Sued
Went

**5 letters**
Ampul
Costs
Cream
Ester
Herds
Honey
Ictus
Leers
Lyses

Omens
Opine
Pinto
Prowl
Ramus
Recto
Roost
Rosin
Sense
Sleet
Ulcer

**6 letters**
Fawner
Septet

Stalls
Steppe

**7 letters**
Armrest
Auricle
Eastern
Editors
Foolish
Lissome
Mineral
One-step
Phoebes
Plaster
Potence

Romaine
Seethes
Trident
Unsnarl
Wrester

# 51

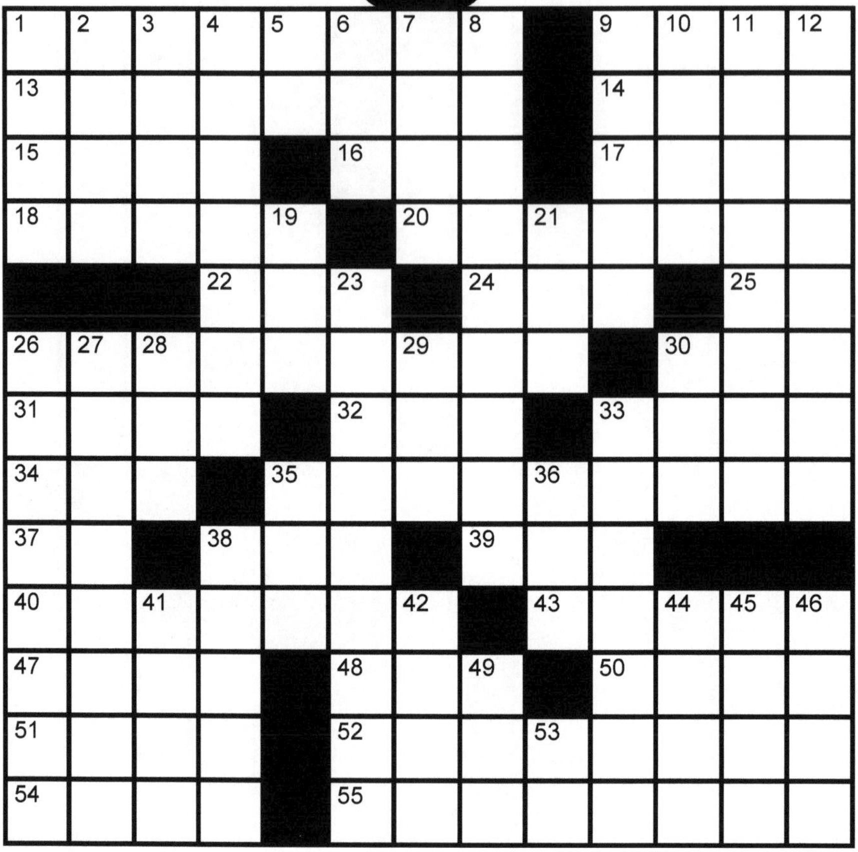

**2 letters**
As
It
No
Or

**3 letters**
Ail
Arc
Art
Cru
Ems
Mar
Mas
Pic
Pig
Rat
Sir
Tec
Teg
Tie
Tin
URL
Wit
Wok

**4 letters**
Alps
Ares
Atom
Blue
Even
Flee
Gore
Hers
Iced
Leaf
Loti
Nest
Pear
RICO
Sail
Tapa
Tare
Thai
Tone
Yell

**5 letters**
Adieu
Agate
Agent
Sibyl

**7 letters**
Arrears
Lattice
Swagger
Tariffs

**8 letters**
Achromat
Christen
Heat wave
Procaine
Scrofula
Semester
Titaness
Yourself

**9 letters**
Catalepsy
Charlatan
Pacemaker
Stratagem

## 52

**3letters**
Ace
And
Arm
Bag
Cut
Eel
Ere
Fat
Gov
Rap
Red
Roe
Rut

Sop
The
Wow

**4letters**
Date
Seer
Site
Test

**5letters**
Asses
Buteo
Eliot
Ewers
Outer

Primp
Reave
Seats
Slyer
Stall
Steno
Tiers
Toner
Tonga
Twine
Vetch

**6letters**
Career
Ferule

Pastel
Salted

**7letters**
Abscess
Armenia
Cleaner
Ear hole
Hedgers
Iterate
Menacer
Propels
Scatter
Stately
Sutural

Turbine

**9letters**
Insensate
Novelette
Postnatal
Soldier on

# 53

| 1 | 2 | 3 | 4 | 5 | 6 | 7 | | 8 | 9 | 10 | 11 | 12 |
|---|---|---|---|---|---|---|---|---|---|---|---|---|
| 13 | | | | | | | | 14 | | | | |
| 15 | | | | | | | | 16 | | | | |
| 17 | | | | | | 18 | 19 | | | | | |
| 20 | | | | 21 | | 22 | | | | 23 | | |
| | | | 24 | | 25 | | | | | 26 | | |
| 27 | 28 | 29 | | | | | 30 | 31 | 32 | | | |
| 33 | | | | | 34 | 35 | | | | | | |
| 36 | | | | 37 | | | | 38 | | 39 | 40 | 41 |
| 42 | | | 43 | | | | | | 44 | | | |
| 45 | | | | | 46 | 47 | 48 | | | | | |
| 49 | | | | | 50 | | | | | | | |
| 51 | | | | | 52 | | | | | | | |

**3 letters**
Aga
Ave
Fro
Gee
Imp
Lay
Lie
Lip
Now
One
Our
Tam

**4 letters**
Bole
Cant
Lave
Toll

**5 letters**
Abbey
Above
Aimed
Allot
Angel
Bling
Box in
Edema
Guile

Hayed
Islam
Oared
Proas
Range
Reeve
Sieve
Siren
Steel
Stere
Tacts

**6 letters**
Desert
Garble

Gibers
Settee

**7 letters**
Alumina
Amplest
Bar code
Breeder
Clipper
Engorge
Engrams
Eurasia
Oxidate
Roe deer
Softish

Tagalog
Tallies
Trolley
Tweedle
Vinegar

## 54

**2letters**
In
It
Me
To

**3letters**
Add
Ail
Aim
All
Asp
Beg
Bum
Cop

Did
Eta
Imp
Mar
Nov
Ode
Roe
Sac
Sib
Ton

**4letters**
Adam
Amen
Anon

Arid
Dose
Emit
Inca
Lime
Lode
Memo
Nest
Nils
Peri
Pink
Pity
Rete
Sort

Spec
Sure
Trey

**5letters**
Minty
Mitts
Paras
Spice

**7letters**
Medical
Red tape
Slacken
Steamer

**8letters**

Aperient
Claimant
Cyanogen
Dementia
Et cetera
Listener
Odometer
Reverent

**9letters**
Clipboard
Moderator
Selectman
Tall order

## 55

**3 letters**
Any
CBS
DNA
Eel
Eld
Era
GPO
Mob
One
Orc
Ore
Out
Peg
Rot
Too
Yen

**4 letters**
Ammo
Dorm
Noon
Tail

**5 letters**
Bleep
Eater
Egged
Elemi
Enure
Limen
Oriya
Rafts
Scent
Scorn
Sones
Spine
Stale
Syria
Toter
Vista

**6 letters**
Banana
Karate
Talmud
Teller

**7 letters**
Arcades
Bespoke
Caloric
Etagere
Fur coat
Lateral
Old-time
Sea star
Sloe gin
Sterols
Terrene
Tribune

**9 letters**
Annuitant
Inverness
Predation
Resonator

# 56

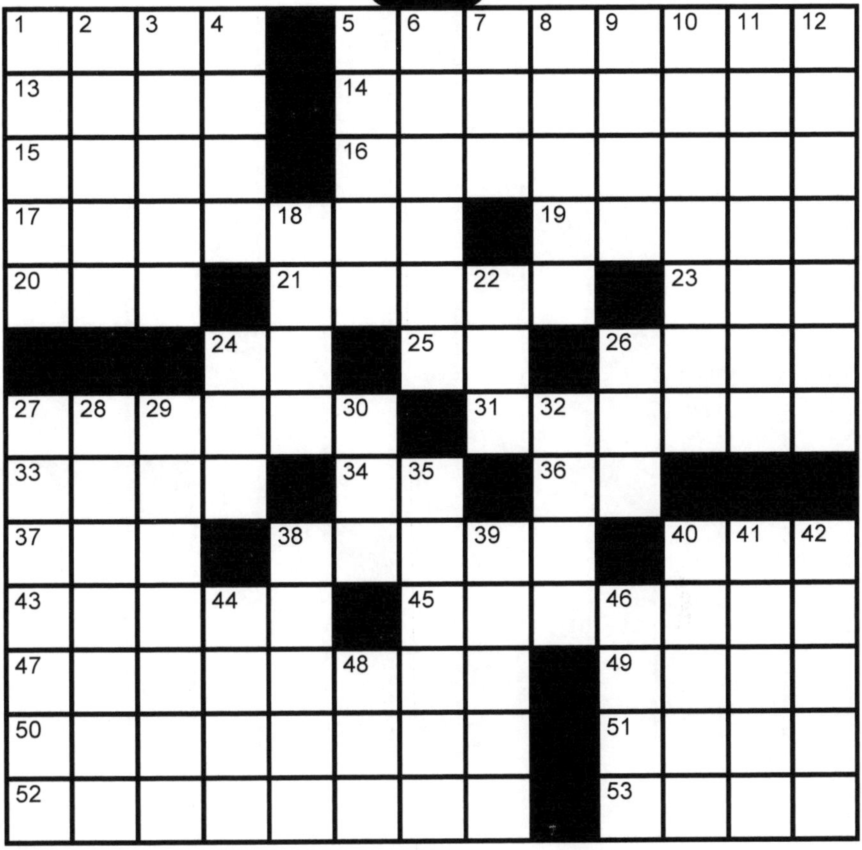


**2 letters**
Am
Is
So
To

**3 letters**
Art
Ere
Ham
Mil
Pea
Pry
The
Tie
Top
Wee

**4 letters**
Aloe
Clot
Esau
Etch
Harm
Hers
Kent
Lade
Last
Opts
Pool
Slut
Toga
Wire

**5 letters**
Awoke
Latte
Lease
Nones
Opera
Pasta
Poser
Prole
Rigor
Teens
Testy
Toast
Utile
Yeats

**6 letters**
Octets
Playas
Sachet
Secede

**7 letters**
Airwave
Ate away
Coterie
Creoles
Esteems
Restate
Sweater
Tessera

**8 letters**
Acetates
Eventide
Populate
Restyles
Staidest
Talesmen

## 57

# 58

|   1 |   2 |   3 |   4 |   5 |   6 |   7 |     |   8 |   9 |  10 |  11 |  12 |
|-----|-----|-----|-----|-----|-----|-----|-----|-----|-----|-----|-----|-----|
|  13 |     |     |     |     |     |     |     |  14 |     |     |     |     |
|  15 |     |     |     |     |     |     |     |  16 |     |     |     |     |
|  17 |     |     |     |     |     |  18 |  19 |     |     |     |     |     |
|  20 |     |     |  21 |     |     |  22 |     |     |     |  23 |     |     |
|     |     |     |  24 |     |  25 |     |     |     |     |  26 |     |     |
|  27 |  28 |  29 |     |     |     |     |  30 |  31 |  32 |     |     |     |
|  33 |     |     |     |     |  34 |  35 |     |     |     |     |     |     |
|  36 |     |     |  37 |     |     |     |  38 |     |  39 |  40 |  41 |     |
|  42 |     |  43 |     |     |     |     |     |  44 |     |     |     |     |
|  45 |     |     |     |     |  46 |  47 |  48 |     |     |     |     |     |
|  49 |     |     |     |  50 |     |     |     |     |     |     |     |     |
|  51 |     |     |     |  52 |     |     |     |     |     |     |     |     |

**3letters**
Ail
Ape
Can
Ere
FBI
Gam
ILO
Imp
Out
See
Sit
Tis

**4letters**
Ares
Noir
T-bar
Turn

**5letters**
Abate
Ailed
Algae
Cease
Chess
Chore
Copra
Erect
Essay

Get up
Indue
Sates
Saves
Scare
Seers
Snuff
Terns
Toast
Tress
Yeses

**6letters**
Cosset
Enrage

Pastel
Yesses

**7letters**
Agitate
Alienee
Ecstasy
Empress
Faddist
Freebie
Gametes
Neither
Pianist
Serried
Sharpie

Solider
Soviets
Spotter
Trisect
Uplifts

# 59

| | | | | | | | | | | | |
|---|---|---|---|---|---|---|---|---|---|---|---|
| 1 | 2 | 3 | 4 | 5 | 6 | 7 | 8 | | 9 | 10 | 11 | 12 |

**2letters**
Be
In
It
Or

**3letters**
Dot
Eon
Eta
Gas
Hat
Her
Lea
Lee

Pas
Pot
Rat
Rob
Saw
See
Tap
Tat
Wed
Yap

**4letters**
Acme
Alga
Ayah

Babe
Daze
Dial
Eyes
Gall
Item
It'll
Ream
Rime
Roan
Sari
Sped
Taco
Taro

Trap
Writ
Ylem

**5letters**
Alloy
Bawds
Betas
Proem

**7letters**
Megahit
Peloton
Sinatra
Starter

**8letters**

Adiposis
Artistry
Beriberi
Coattail
Emanated
Esoteric
Literati
Satirize

**9letters**
Acropolis
Diacritic
Politesse
Sidepiece

## 60

**3letters**
Abo
Ala
Ale
Apr
Ben
Boa
Ell
End
Eon
Era
Eta
Loy
Orb

Pam
Rat
Rib

**4letters**
Aden
Prey
Ryes
Vein

**5letters**
Alibi
Apart
Aphid
Arsed
Beset

Eat up
Iraqi
Linen
Maybe
Needs
Passé
Redes
Reset
Scene
Topos
Uteri

**6letters**
Anselm
Inland

Nipple
Phenol

**7letters**
Appeals
Debases
Elopers
Equable
Hemline
Opaline
Payable
Phallic
Satraps
Smartie
Tamarin

Tiptoed

**9letters**
Biennials
Corn syrup
Endocrine
Stevenson

# 61

**3 letters**
Aha
Art
Bee
Eat
Ell
Ere
Hem
Inn
Oil
OTT
RNA
Top

**4 letters**
Loan
Otis
Saki
Tank

**5 letters**
Anent
Aspic
Asset
Broom
Desks
Eaten
Erase
E-zine
Glenn

Glues
Hares
Lento
Letup
Lotte
Mocha
Pints
Satin
Sitar
Tamil
Ukase

**6 letters**
Amebas
Deists

Dermis
Noodle

**7 letters**
Agitate
Atheist
Blasted
Boatman
Debased
Elegize
Eternal
Ileitis
Manners
On paper
One-step

Restore
Sensate
Staples
Stashes
Uttered

## 62

| 1 | 2 | 3 | 4 | | 5 | 6 | 7 | 8 | 9 | 10 | 11 | 12 |
|---|---|---|---|---|---|---|---|---|---|----|----|----|
| 13 | | | | | 14 | | | | | | | |
| 15 | | | | | 16 | | | | | | | |
| 17 | | | | 18 | | | ■ | 19 | | | | |
| 20 | | | ■ | 21 | | | 22 | | ■ | 23 | | |
| ■ | ■ | ■ | 24 | | ■ | 25 | | ■ | 26 | | | |
| 27 | 28 | 29 | | | 30 | | ■ | 31 | 32 | | | |
| 33 | | | | ■ | 34 | 35 | ■ | 36 | | ■ | ■ | ■ |
| 37 | | | ■ | 38 | | | 39 | | ■ | 40 | 41 | 42 |
| 43 | | | 44 | | ■ | 45 | | | 46 | | | |
| 47 | | | | 48 | | | ■ | 49 | | | | |
| 50 | | | | | | | ■ | 51 | | | | |
| 52 | | | | | | | ■ | 53 | | | | |

**2letters**
An
He
Or
So

**3letters**
Ate
Era
Fie
GMT
Lis
Not
Pas
Pry

Roe
See

**4letters**
Acre
Aria
Fort
Lane
Pans
Rhea
Rice
Rill
Rite
Skew
Spat

Taro
Toes
Wasp

**5letters**
Alien
Anent
Array
Geese
Gents
Pacer
Parka
Raven
Sewed
Slaws

Slosh
Spire
Stamp
Toast

**6letters**
Arises
Caster
Resale
Triste

**7letters**
Airport
Ariosos
Cresses
Dessert

Esthete
Measles
Seawall
Stainer

**8letters**
Armoires
Erectile
Rag trade
Son-in-law
Stressed
Vitalist

**2letters**
An
He
In
To

**3letters**
Aka
Aug
DNA
Eke
Hen
Ion
IOU
Led
Loy
Orb
Rod
Saw
Sen
Ski
Sty
Sun
Tau
Too

**4letters**
Anne
Anoa
Area
Arid
Blew
Blue
Bola
Boos
Comp
Doom
Épée
Fats
In on
Lewd
MIRV
Mown
Okra
Sass
Sewn
Volt

**5letters**
Famed
Gibbs
Panda
Toted

**7letters**
Condemn
Elbowed
Ephedra
Omnibus

**8letters**
Antelope
Cascaras
Dishevel
Embosses
One-on-one
Savannah
Terriers
Tortuous

**9letters**
Dalmatian
Etiquette
Seaplanes
Squeamish

# 64

**2letters**
It
OK
So
We

**3letters**
Ads
Aha
Apr
Boa
Car
Ear
Eon
Ion

Oar
PVC
Roe
Sae
Spa
Tan
Tap
Tar
Tip
Top

**4letters**
Acer
Ainu
Ante

Clad
Echo
Gens
Hath
Ilex
Mass
Meed
Opal
Safe
So-so
Sour
Thee
Tone
Ulna

Upon
Who's
Yips

**5letters**
Assam
Horse
Susan
Texas

**7letters**
Dressed
Nigeria
Stealth
Wrestle

**8letters**

Accredit
Actinium
Flotilla
Headways
Involute
One-horse
Soft spot
Suckered

**9letters**
Afternoon
Cerebrate
Enteritis
Stationer

# 65

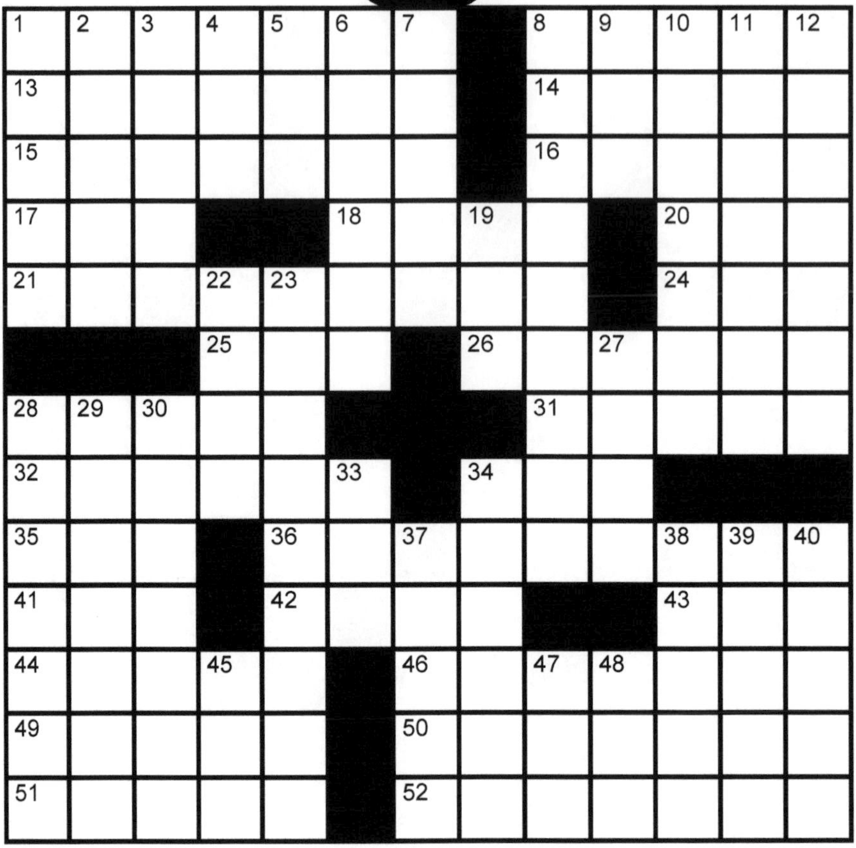

**3 letters**
Air
Ana
Ate
Ave
End
Eta
Etc
Him
Lox
Met
Nod
Ohm
Ran
Res
Tot
Why

**4 letters**
Axil
Come
Dean
Tend

**5 letters**
Beryl
Creel
Erose
Ester
Gamin
Goers
Haste
Idaho
Lisle
Oases
On ice
Saris
Sizes
Sumac
Thumb
Views

**6 letters**
Dicker
Oilcan
Tested
Trinal

**7 letters**
Earnest
En masse
Ice over
Ideates
Laities
Miscues
Mistake
Nesters
Scherzo
Stretch
Urethra
Vibrate

**9 letters**
Good night
Incapable
Politesse
Soldier on

**3 letters**
Age
Ale
CIS
Eat
Its
Orc
Pat
Sea
Tel
Tie
Tin
Urn

**4 letters**
Bloc
Euro
File
Plan

**5 letters**
Abaft
Aisle
Aline
Auden
Caner
Donna
Evert
Hague
Inuit

Knees
Letup
Naomi
Nates
Oozed
Primo
Sites
Smack
Ulnae
Wheel
Zloty

**6 letters**
Layman
Minors

Sodium
Used to

**7 letters**
Alienee
Annatto
Egested
Encrust
Fancier
Have a go
Ipecacs
Machine
Nesters
Nymphet
Perfidy

Resound
Sirenia
Teasels
Utopian
Whereas

# 67

## 2 letters
As
Hi
Ma
To

## 3 letters
Aka
Ass
Cup
Ike
Ins
Ivy
Let
Psi

Run
Sue
Tea
Tec
USA
Uzi
VII
Vow
Web
Yes

## 4 letters
Acid
Amps
Anna

Do in
Dude
Echo
Enol
Evil
Giro
Ilex
Mens
Odor
Pine
Rasp
Rely
Rune
Size

Veil
Vies
Viol

## 5 letters
CD-ROM
Laxly
Rev up
Snafu

## 7 letters
Gladden
Lovable
Preface
Strudel

## 8 letters

Adaptive
Dissolve
Espalier
Gleaners
Monrovia
Noumenon
Polliwog
Shoehorn

## 9 letters
East Coast
Education
Startling
Wrestling

# 68

| 3letters | Rad | Inane | Grieve | Warders |
|----------|-----|-------|--------|---------|
| Ace | Ret | Inter | Triste | 9letters |
| Are | VIP | Label | 7letters | Artillery |
| BLT | 4letters | Needs | Abiotic | Elevation |
| Bur | Iota | Oohed | Alberta | Late Latin |
| Edo | Lyre | Oriel | Average | Rock 'n' roll |
| E'en | Sink | Rents | Iterate | |
| ENE | Vane | Seedy | Lacunae | |
| Era | 5letters | Slant | Nineveh | |
| ESP | ASCII | Tease | Pleased | |
| Ken | Awake | Trips | Scabies | |
| Nay | Brine | 6letters | Senders | |
| Ned | Canna | Beetle | Slapped | |
| Nog | Eager | Cave in | Tensive | |

# 69

**3letters**
Ate
Ens
Ere
Eve
Gem
Ira
Lip
New
Non
Rat
Sae
Urn

**4letters**
Agar
Bast
Lima
Wail

**5letters**
Agave
Algae
Angst
Audit
Cools
Crate
Credo
Elate
Gavel
Groan
Pacer
Pagan
Sates
Sinai
Slits
State
Stoma
Taste
Titan
Wests

**6letters**
Bushel
Drudge

Opt out
Retrod

**7letters**
Bandsaw
Cassino
Caviled
Demesne
Driblet
Evening
Ocarina
Odorant
Outcrop
Overeat
Regatta
Relapse
Scratch
Sewings
Unaware
Uterine

# 70

| 2 letters | Try | Stab | Teens | Esteems |
|---|---|---|---|---|
| As | Wee | Topi | Tells | Restate |
| Is | **4 letters** | Tuna | Tuner | Solaced |
| So | Aloe | **5 letters** | Utile | Tessera |
| To | Alto | Alate | **6 letters** | **8 letters** |
| **3 letters** | Anti | Antsy | Octets | Acetates |
| CFC | Bait | Cilia | Playas | Corollas |
| Has | Harm | Crone | Sachet | Desisted |
| Lat | Lade | Fetal | Sedate | End-plate |
| Law | Lass | Latte | **7 letters** | Populate |
| Pea | Oboe | Lease | Abalone | Staidest |
| The | Sale | Nosed | Ate away | |
| Tie | Sass | Pasta | Cowards | |
| Top | Sian | Start | Dossier | |

**2letters**
As
At
In
To

**3letters**
Bat
Coo
Eel
Got
His
Ken
Lao
Lip

Mop
Now
Obi
San
Sol
Vat
Was
Wit
Wok
Wot

**4letters**
Aeon
Aryl
Dido

Earl
Gaur
Imam
Lain
Mode
Naan
Naif
Rimy
Roan
Scat
Side
Sunk
Thru
Tree

Tutu
Uric
Ylem

**5letters**
Pinta
Strip
Untie
Venom

**7letters**
Essence
Maligns
Manikin
Mohican

**8letters**

Blissful
Hecatomb
Keynoter
Mainsail
Nematode
Tasmania
Unwieldy
Urbanity

**9letters**
Absolutes
Nightclub
Shoemaker
Umbilicus

**3 letters**
Aha
Ala
ATM
Ave
Bus
CGI
Duo
Ido
Law
Lei
Lug
Pep
Pre-

Rag
Run
USA

**4 letters**
Eery
Ibis
Idol
Race

**5 letters**
Acmes
Algin
Bases
Cabin
Dials

Eat in
Ennui
Ester
Event
Id est
Lange
On ice
Recce
Salem
Slaty
V-sign

**6 letters**
Dreary
Glider

Odessa
Upsets

**7 letters**
Adrenal
Animist
Beeping
Coppola
Devalue
Encases
Erudite
Insteps
Marital
Seclude
Stewart

Synonym

**9 letters**
Beryllium
Charmless
Sinistral
Sunscreen

## 73

**3 letters**
Age
Arc
Bin
Hue
Inn
Mar
Ode
Ova
Pap
Sol
Sty
Var

**4 letters**

Shiv
Stem
Tael
Ural

**5 letters**
Areas
Arian
Asses
Bossy
Dance
Emery
Ethos
Étuis
Malta

Nervy
North
Passé
Paths
Resin
Sadly
Sever
Sines
Sisal
Stile
Sumps

**6 letters**
Detest
Insect

Opener
Saddle

**7 letters**
Ariadne
Aureate
Caviler
Decatur
Eel-like
Elastic
Emotive
Lenient
Mastoid
Minivan
Package

Reasons
Sharpen
Sneerer
Tail end
Tracery

## 74

| 1 | 2 | 3 | 4 | 5 | 6 | 7 | 8 | | 9 | 10 | 11 | 12 |
|---|---|---|---|---|---|---|---|---|---|---|---|---|
| 13 | | | | | | | | | 14 | | | |
| 15 | | | | 16 | | | | | 17 | | | |
| 18 | | | 19 | | 20 | | 21 | | | | | |
| | | 22 | | 23 | | 24 | | | | 25 | | |
| 26 | 27 | 28 | | | 29 | | | | 30 | | | |
| 31 | | | | 32 | | | | 33 | | | | |
| 34 | | | 35 | | | | 36 | | | | | |
| 37 | | | 38 | | | 39 | | | | | | |
| 40 | | 41 | | | 42 | | 43 | | 44 | 45 | 46 | |
| 47 | | | | 48 | | 49 | | 50 | | | | |
| 51 | | | | 52 | | 53 | | | | | | |
| 54 | | | | 55 | | | | | | | | |

**2letters**
Be
I'm
Is
Up

**3letters**
Bro
Din
Era
Ere
Ids
Its
Mrs
Ode

Par
Pas
Rap
Red
Rev
Ska
Ski
Tub
Wag
Wed

**4letters**
Ahem
Alas
Aloe

Anti
Erie
Gnat
Hoer
Hurl
Indo-
Isle
Leis
Lone
Noel
Odor
Oral
Plea
Pool

Scot
Sett
Topi

**5letters**
Atlas
Dials
Lotto
Spelt

**7letters**
Edwards
Lappish
Martini
Obviate

**8letters**

Close-set
Epidural
Gambling
Irritant
Misspell
On camera
Pismires
Unreason

**9letters**
Guinea pig
Sandpiper
Sarcastic
Screwball

# 75

| 1 | 2 | 3 | 4 | 5 | 6 | 7 | | 8 | 9 | 10 | 11 | 12 |
|---|---|---|---|---|---|---|---|---|---|---|---|---|
| 13 | | | | | | | | 14 | | | | |
| 15 | | | | | | | | 16 | | | | |
| 17 | | | | | 18 | | 19 | | | 20 | | |
| 21 | | | 22 | 23 | | | | | | 24 | | |
| | | 25 | | | | | 26 | | 27 | | | |
| 28 | 29 | 30 | | | | | | 31 | | | | |
| 32 | | | | | 33 | | 34 | | | | | |
| 35 | | | | 36 | | 37 | | | | 38 | 39 | 40 |
| 41 | | | | 42 | | | | | | 43 | | |
| 44 | | | 45 | | | 46 | | 47 | 48 | | | |
| 49 | | | | | | 50 | | | | | | |
| 51 | | | | | | 52 | | | | | | |

**3letters**
Act
Air
Eel
Hod
Ins
Ira
It'd
Lao
Nil
Opt
Pas
Rot
Son

Tel
Ute
Yes
**4letters**
Anne
Ayes
Oath
Reek
**5letters**
Aahed
Capri
Crate
Diode
Edger

Elate
Error
Lento
Noses
Oiler
Ought
Seder
Sweep
Trout
Uniat
Wader
**6letters**
Agenda
Kansas

Loosen
Uterus
**7letters**
Adoptee
Endlong
Grossed
Inroads
Ireland
Oedipus
Planish
Retiree
Skittle
Tatters
Urinate

Watered
**9letters**
Cockroach
Rough-hewn
Separator
Treasurer

**3 letters**
Ala
Arc
EEC
Eek
Eel
Ere
Hue
Lac
Mph
Mud
Ron
Sen

**4 letters**
Glob
Rapt
Sumo
Tics

**5 letters**
Ameer
Borts
Burma
Dirge
Eerie
Elope
Emile
Hires
Icons

Irons
Kebab
Moses
Mosey
Rents
Retro
Shire
Spoor
Stage
Tempo
Togas

**6 letters**
Esther
Needle

Ohmage
Saddle

**7 letters**
Armorer
Aroused
Aureole
Catbird
Decagon
Descale
Endears
Essence
Eyesore
Genteel
Gourmet

Hirsute
Impalas
Riot act
Shatter
Tearoom

# 77

| 1 | 2 | 3 | 4 | 5 | 6 | 7 | 8 | | 9 | 10 | 11 | 12 |
|---|---|---|---|---|---|---|---|---|---|---|---|---|
| 13 | | | | | | | | | 14 | | | |
| 15 | | | | | 16 | | | | 17 | | | |
| 18 | | | 19 | | 20 | | 21 | | | | | |
| | | 22 | | 23 | | 24 | | | | 25 | | |
| 26 | 27 | 28 | | | | 29 | | | | 30 | | |
| 31 | | | | 32 | | | | 33 | | | | |
| 34 | | | | 35 | | | 36 | | | | | |
| 37 | | | 38 | | | 39 | | | | | | |
| 40 | | 41 | | | 42 | | 43 | | 44 | 45 | 46 | |
| 47 | | | | 48 | | 49 | | 50 | | | | |
| 51 | | | | 52 | | 53 | | | | | | |
| 54 | | | | 55 | | | | | | | | |

| 2letters | Ice | Icon | Toss | Alienage |
|---|---|---|---|---|
| An | Ire | Ilia | Ugli | Cardinal |
| Be | Key | Indo- | Yarn | Envelops |
| By | Leg | Lima | **5letters** | Kinsfolk |
| If | Ode | Limn | Agist | Ladylike |
| **3letters** | Ono | Onto | Chess | Probates |
| Aah | Ova | Oval | Satay | Sillabub |
| Ale | Pea | Race | Tanka | Tribades |
| Are | Sen | Salt | **7letters** | **9letters** |
| Ash | Sue | Sews | Alchemy | Bee's knees |
| Ass | **4letters** | Sick | Islands | Plighting |
| Baa | Acai | Step | Leakage | Sleepwalk |
| Cue | Crew | Tire | Own goal | Stalemate |
| HIV | Ekes | Torn | **8letters** | |

# 78

**3letters**
Air
Bat
Bee
Eat
Eel
Emu
GSA
Him
Ire
Ism
Man
Nib
Sic

Sty
Tun
Ugh

**4letters**
Earn
Gene
Ruin
Tier

**5letters**
Abaca
Adorn
Aglet
Asset
Atoll

Biped
Essen
Lusts
Miser
Sager
Scene
Stere
Stoma
Thine
Tidal
Tutee

**6letters**
Banana
Bottle

Grunge
Merger

**7letters**
Ageists
At a time
Day care
Drastic
Enticer
Outmode
Passage
Slights
Steamer
Stoners
Sutures

Tensile

**9letters**
Embarrass
Ginger ale
Latecomer
Telegenic

|   |   |   |   |   |   |   |   |   |   |   |   |   |
|---|---|---|---|---|---|---|---|---|---|---|---|---|
| 1 | 2 | 3 | 4 | 5 | 6 | 7 | ■ | 8 | 9 | 10 | 11 | 12 |
| 13 |   |   |   |   |   |   | ■ | 14 |   |   |   |   |
| 15 |   |   |   |   |   |   | ■ | 16 |   |   |   |   |
| 17 |   |   | ■ |   | 18 | 19 |   |   |   |   |   |   |
| 20 |   |   | 21 | ■ | 22 |   |   | ■ | 23 |   |   |   |
| ■ | ■ | 24 |   | 25 |   |   | ■ | 26 |   |   |   |   |
| 27 | 28 | 29 |   |   |   | ■ | 30 | 31 | 32 |   |   |   |
| 33 |   |   | ■ | 34 | 35 |   |   | ■ | ■ | ■ | ■ | ■ |
| 36 |   |   | 37 |   | ■ | 38 |   | 39 | 40 | 41 |   |   |
| 42 |   | 43 |   |   | ■ | ■ | 44 |   |   |   |   |   |
| 45 |   |   |   | ■ | 46 | 47 | 48 |   |   |   |   |   |
| 49 |   |   |   | ■ | 50 |   |   |   |   |   |   |   |
| 51 |   |   |   | ■ | 52 |   |   |   |   |   |   |   |

**3letters**
Are
End
Ere
Gam
Ira
It'd
Mph
Non
Pie
She
Tan
URL
**4letters**
Goat
Lads
Pima
Site
**5letters**
Adore
Algae
Arena
Audit
Coops
Crate
Damps
Emcee
Guano
Molar
Natal
Paste
Sit-in
Slams
Snarl
State
Steer
Stoma
Suits
Tense
**6letters**
Bushel
Nectar
Opt out
Undies
**7letters**
Aniseed
Atomist
Bagasse
Cassino
Coagula
Epilate
Impulse
Maratha
Oarsman
Odorant
Outcrop
Scratch
Semitic
Shearer
Slender
Uranium

## 80

| 1 | 2 | 3 | 4 | | 5 | 6 | 7 | 8 | 9 | 10 | 11 | 12 |
|---|---|---|---|---|---|---|---|---|---|---|---|---|
| 13 | | | | | 14 | | | | | | | |
| 15 | | | | | 16 | | | | | | | |
| 17 | | | | 18 | | | | 19 | | | | |
| 20 | | | | 21 | | | 22 | | | 23 | | |
| | | | 24 | | | 25 | | | 26 | | | |
| 27 | 28 | 29 | | | 30 | | 31 | 32 | | | | |
| 33 | | | | | 34 | 35 | | 36 | | | | |
| 37 | | | | 38 | | | 39 | | | 40 | 41 | 42 |
| 43 | | | 44 | | | 45 | | | 46 | | | |
| 47 | | | | 48 | | | | 49 | | | | |
| 50 | | | | | | | | 51 | | | | |
| 52 | | | | | | | | 53 | | | | |

**2letters**
Am
As
At
So

**3letters**
Aha
Aid
Cob
Ear
Gas
One
Ort
Spy

Tan
Top

**4letters**
Anal
Aria
Cram
Goer
Hula
Iamb
Lass
Lira
Mall
Pays
Slat

Taps
Tend
Toad

**5letters**
Alary
Aorta
Aroma
Beast
Cameo
Chaps
Conch
Coral
Crass
Mated

Motto
Oriya
Run-up
Seeds

**6letters**
Amours
Planes
Scribe
Target

**7letters**
Alienee
Corolla
Platoon
Purlieu

Rattier
Restore
Solders
Stomach

**8letters**
Alienage
Amarillo
Catalpas
Clenched
Hard hats
Monorail

# 81

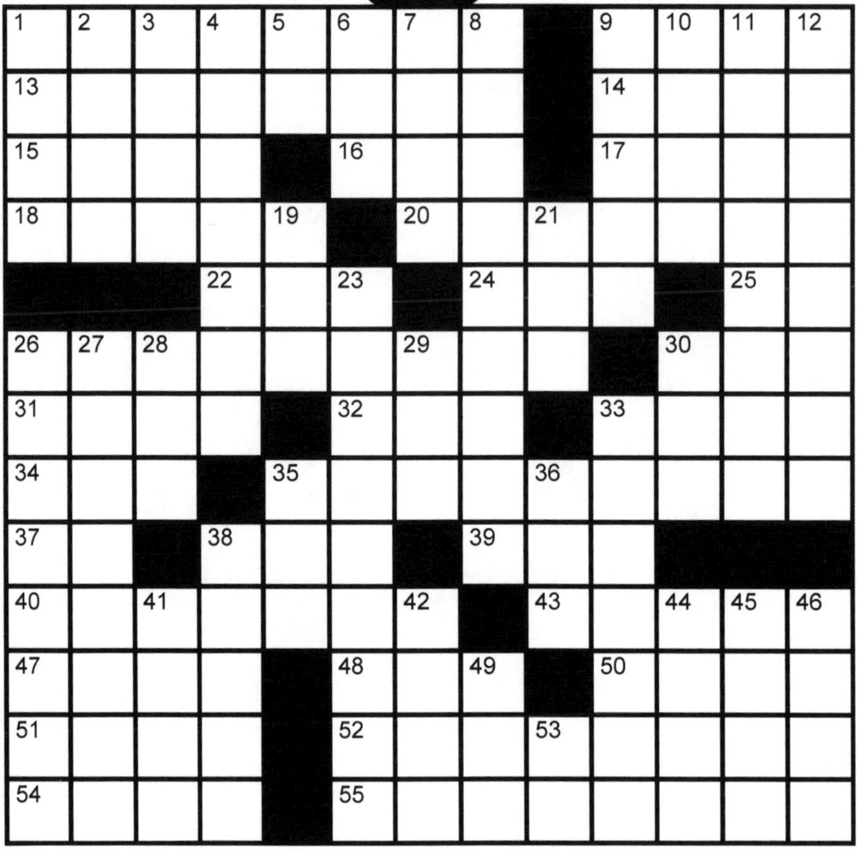

**2 letters**
An
Me
No
Of

**3 letters**
Age
Ass
Bye
Dip
Err
GSA
Hem
Hoe
Hrs
Ism
Lei
Leu
Nip
Nth
Pod
Rig
USA
You

**4 letters**
Abet
Aloe
Ashy
Chat
Feud
Hash
Hath
Hide
Iota
Ires
Iris
Lyre
Miro
Odor
Rags
Scot
Sere
Tide
Toby
Trot

**5 letters**
Chasm
Phial
Teeth
Upset

**7 letters**
Fighter
Martyrs
Rampart
Smasher

**8 letters**
Arborist
Atheneum
Cilantro
Federate
Odometer
Shamanic
Thyroids
Wayfarer

**9 letters**
Awareness
Commissar
Geraniums
Unheard-of

# 82

**3letters**
Ala
Ana
Ape
Ate
Ban
Cad
Cha
Con
Dal
Eat
Inn
Old
Opt

Ort
Rod
Use

**4letters**
Cigs
Iamb
Moot
Ones

**5letters**
Aloha
Éclat
Emcee
Garda
Gnats

Grogs
Namer
Noise
Octet
On tap
Onset
Patch
Ruses
Style
Tyrol
White

**6letters**
Air sac
Ape-man

Dhotis
Umbras

**7letters**
Cheapie
Croatia
Earnest
Estates
Garages
Hardest
Orderly
Riot act
Rowboat
Stinter
Tomcats

Unhappy

**9letters**
Insatiate
Pantyhose
Specially
Theme song

# 83

| 3 letters | Asea | Orate | Helmet | Saharan |
|-----------|------|-------|--------|---------|
| Arc | Dine | Plait | Napery | Stringy |
| Ave | Lest | Rains | **7 letters** | Trident |
| Boa | Tole | Scare | Accidie | Uveitis |
| Ere | **5 letters** | Sense | Aviator | Weenier |
| Err | A-list | Sleet | Bestirs | |
| Etc | Aorta | Slews | Catarrh | |
| Hen | Arena | Starr | Entitle | |
| Leg | Arson | State | Eternal | |
| Rim | Aster | Tenet | Martini | |
| RNA | Beast | Tinea | Minimal | |
| Sec | Comas | **6 letters** | Olivine | |
| Tin | Craps | Bearer | Pennate | |
| **4 letters** | India | Catsup | Pertain | |

## 84

| 1 | 2 | 3 | 4 | 5 | 6 | 7 | 8 | | 9 | 10 | 11 | 12 |

2**letters**
He
Hi
Is
It

3**letters**
Any
Are
Din
Edo
ENE
Ens
Gas
Ins

It'd
Oat
Psi
PTA
Rig
Sat
Saw
Sew
Urn
VII

4**letters**
Anal
Anew
Iota

Isis
Near
Nina
Oahu
Obit
Ogee
Otis
Peso
Posh
Rots
Sand
Sash
Seas
Stop

Suds
Thee
Took

5**letters**
Delve
Gests
Gusto
Spice

7**letters**
Crouton
Igneous
Purview
Slacken

8**letters**

Agnus Dei
Anaerobe
Cash crop
Enthused
Osteitis
Phantasm
Radishes
Soapiest

9**letters**
Case study
Stays over
Synergism
Title deed

# 85

**3letters**
Ali
Ape
Aug
Bed
CPU
Ego
Emu
FCC
FDA
Haw
Nil
Oar
Ran

Tin
Wet
Yep
**4letters**
Coon
Onto
Veda
Wife
**5letters**
Abaci
Blips
Cater
Erase
Fesse

Impel
Noise
Nonce
Octal
Pasha
Renin
Rural
Scott
Serum
Shawl
Terse
**6letters**
Avowal
Bonnet

Capote
Cavers
**7letters**
Achieve
Capable
Ellipse
Etagere
Infanta
Open-air
Postwar
Scarabs
Sealers
Seduces
Sprayer

Stanton
**9letters**
Allowance
Fire-eater
Ignorance
Witticism

# 86

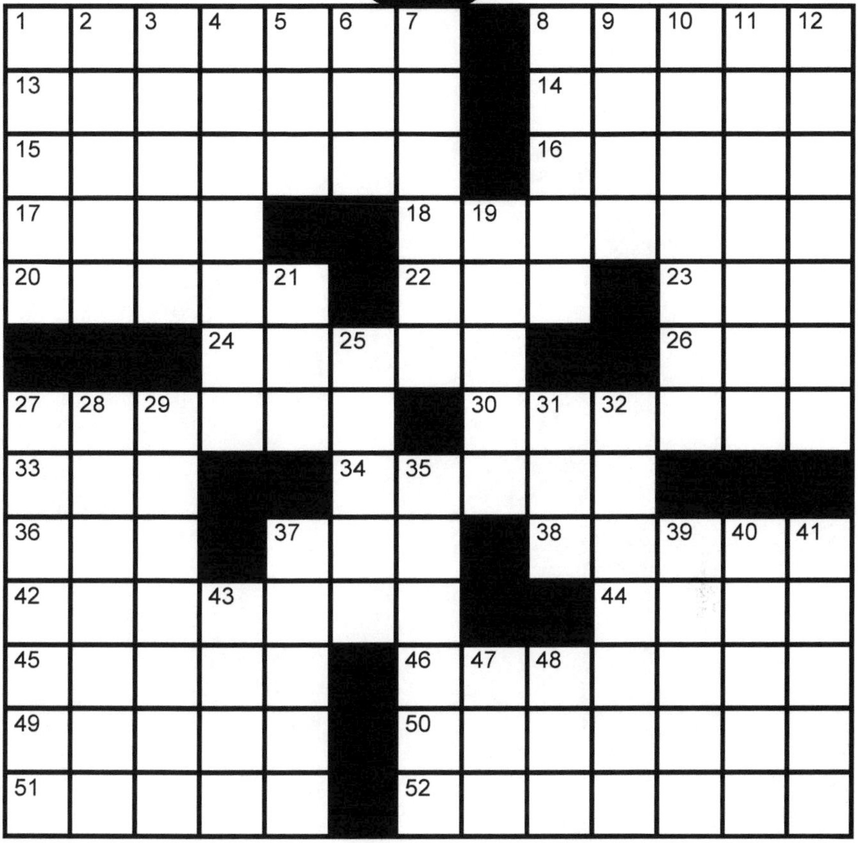


**3 letters**
Are
End
Ere
Gam
It'd
Leu
LSD
Mph
Pie
She
Tan
URL

**4 letters**
Goat
Lads
Olla
Site

**5 letters**
Adore
Algae
Arena
Ascot
Crate
Damps
Emcee
Guano
Molar
Moola
Natal
Paste
Polls
Sit-in
Slams
Snarl
Steer
Suits
Taste
Tense

**6 letters**
Ate out
Bushel
Nectar
Undies

**7 letters**
Ampulla
Aniseed
Atomist
Bagasse
Coagula
Collude
Epilate
Impulse
Maratha
Oarsman
Semitic
Shearer
Slender
Soonest
Unlatch
Uranium

# 87

| | 2letters | 3letters | | | | |
|---|---|---|---|---|---|---|
| **2letters** | Spa | Tiro | Paten | Iciness |
| At | Use | Umbo | Penny | Mandrel |
| Me | **4letters** | Uses | Shoat | Recipes |
| Of | Albs | **5letters** | Tract | Sanchez |
| So | Alee | Anent | **6letters** | **8letters** |
| **3letters** | A-one | Arête | Amazes | American |
| Art | Hate | Arose | Carter | Aspirant |
| Ate | Omen | Blend | Flange | Asserter |
| End | Pant | Cairo | Tussle | Part-time |
| Err | Rely | Celeb | **7letters** | Re-emerge |
| Not | Rime | Condo | Aliases | Tamarind |
| REM | Stye | Corer | Another | |
| Roe | Sync | Enter | Cascara | |
| Sic | Taps | Leman | Endorse | |

| 1 | 2 | 3 | 4 | 5 | 6 | 7 | 8 | | 9 | 10 | 11 | 12 |
|---|---|---|---|---|---|---|---|---|---|---|---|---|
| 13 | | | | | | | | | 14 | | | |
| 15 | | | ■ | 16 | | | | ■ | 17 | | | |
| 18 | | | 19 | ■ | 20 | | 21 | | | | | |
| ■ | | 22 | | 23 | | 24 | | | ■ | 25 | | |
| 26 | 27 | 28 | | | | 29 | | | ■ | 30 | | |
| 31 | | | | ■ | 32 | | | ■ | 33 | | | |
| 34 | | | ■ | 35 | | | 36 | | | | | |
| 37 | | ■ | 38 | | | ■ | 39 | | | ■ | ■ | ■ |
| 40 | | 41 | | | 42 | ■ | 43 | | 44 | 45 | 46 |
| 47 | | | ■ | 48 | | 49 | ■ | 50 | | | |
| 51 | | | ■ | 52 | | 53 | | | | |
| 54 | | | ■ | 55 | | | | | | |

**2letters**
Hi
It
Or
To

**3letters**
Bid
Bot
Ebb
Fab
Had
Ion
May
Oat

Pal
Ran
Red
Sat
See
Tap
Tea
Tho
Wan
Win

**4letters**
Alit
Amen
Amps

Ante
Arts
Envy
Hike
Hive
Knit
Lone
Mule
Ne'er
Pima
Plea
Pure
Sage
Sham

Tanh
Tray
Wads

**5letters**
Apply
Mesas
Pshaw
Satyr

**7letters**
Cohabit
Greatly
Sunspot
Topless

**8letters**

Cretonne
Horrible
Prestige
Seasoned
Shortens
Slagheap
Stricken
Unhooked

**9letters**
Ambitious
Fine-tuned
Pedometer
Schlemiel

## 89

**3 letters**
Alp
Ant
Are
Bar
Dup
Hue
Ira
Lee
Lie
RNA
Rob
Tar
Tee

Tel
Tip
TNT

**4 letters**
Harp
Idle
Rain
Rant

**5 letters**
Alike
Cagey
Caste
Deeds
Ditch

Hosta
Icing
Mooed
Opted
Pasta
Reave
Scant
Seeds
Sharp
Sinew
Tuber

**6 letters**
Enlist
Ethnic

Pastor
Tenure

**7 letters**
Abating
Apolune
Asepsis
Carioca
Croaked
Hebrews
Pomaded
Prelacy
Reverie
Spathic
Stopple

Turbine

**9 letters**
Addressee
Entourage
Streetcar
Underpass

# 90

**3letters**
Ace
Ave
Cad
Dah
Edo
Ere
Hop
I've
Nib
Ran
Rap
Sin

**4letters**
Babe
Errs
Kite
Lase

**5letters**
Admin
Ameba
Aren't
Bacon
Benes
Biles
Blobs
Clair
Cruse

Elite
Essen
Lange
Linac
Lyres
Mania
Paean
Scare
Seels
Sires
Trade

**6letters**
Angler
Antler

Closed
Retard

**7letters**
Apostle
Bladder
Chancel
Deserts
Enslave
Evangel
License
Limeade
Locally
Nanking
Neutral

One shot
Open-air
Reddens
Steeper
Tail end

# 91

**2letters**
An
No
Or
Up

**3letters**
Awe
Cep
CGI
EEC
Eta
Imp
Ism
Née

Nom
Nor
Ooh
OTT
Rah
Rap
Sad
Sat
Tad
USA

**4letters**
Alms
Anis
Apes

Cent
Dean
Enol
Erie
Et al
Étui
Guck
Lily
Lira
Otto
Peep
Rata
Retd
Road

Sore
Tout
Uric

**5letters**
Allen
Gelid
Mudra
Spots

**7letters**
African
Bedecks
Scruple
Skeptic

**8letters**

Cilantro
Interwar
Keynoter
Leeboard
Plankton
Sarasota
Stipends
Ungulate

**9letters**
Draftsman
Prie-dieus
Sea anchor
Spike rush

**3letters**
Ado
Ani
Cap
End
Ens
Eth
Lee
Man
Nip
Pas
Rag
Rig
Rue

Sow
Tad
Via

**4letters**
Epic
Neap
Norm
Twit

**5letters**
Admit
Asdic
Atria
Augur
Cease

Decor
Edema
Emend
Erase
Icing
Keeps
Molal
Nauru
Seamy
Times
Tinea

**6letters**
Genius
Lianas

Stacks
Votive

**7letters**
Ascetic
Autopsy
Daphnia
Dominie
Elegiac
Emerald
Evens up
Iridium
Mileage
Rumania
Seeders

Statice

**9letters**
Aldebaran
Anamnesis
Backstage
So to speak

# 93

**3 letters**
Ana
Are
Ate
Eat
ENE
Lie
Nil
Nip
Ore
Pot
Sir
Tao

**4 letters**
Coma
Lead
Obit
Tote

**5 letters**
Abaci
Allot
Amahs
Arise
Basts
Bocce
Cirri
Grade
Idled

Nepal
Passé
Polar
Resin
Sales
Sidle
Simon
Spear
Steal
Suite
Tubas

**6 letters**
Lichee
Preset

Secret
Tartar

**7 letters**
Aconite
Alumina
Basinet
Catalpa
Crucial
Earache
Impeach
In order
Laminar
Lapping
Praline

Ringlet
Slipper
Stoical
Tasting
Toeless

# 94

| | 2 letters | Low | Apse | Suer | Accustom |
|---|---|---|---|---|---|
| | Hi | Oat | Arcs | Undo | Anaphora |
| | Me | Odd | Asea | Urdu | Caduceus |
| | So | Ode | Cere | **5 letters** | Demesnes |
| | Up | Pan | Doge | Apart | Egomania |
| | **3 letters** | Rot | Earl | Enact | Elephant |
| | Ass | Tie | Erie | Orlon | Hassocks |
| | DAT | Tip | Miro | Pipes | Poseidon |
| | Dew | Tom | Noun | **7 letters** | **9 letters** |
| | Edo | Tsp | Penn | Arnicas | Antiknock |
| | Emu | **4 letters** | Pica | Churned | Cellphone |
| | Etc | Aloe | Roan | Nitrous | Plectrums |
| | Kin | Amah | Seas | Percale | Sheltered |
| | Kit | Amok | Stun | **8 letters** | |

**2 letters**
Hi
Me
So
Up

**3 letters**
Ass
DAT
Dew
Edo
Emu
Etc
Kin
Kit
Low
Oat
Odd
Ode
Pan
Rot
Tie
Tip
Tom
Tsp

**4 letters**
Aloe
Amah
Amok
Apse
Arcs
Asea
Cere
Doge
Earl
Erie
Miro
Noun
Penn
Pica
Roan
Seas
Stun
Suer
Undo
Urdu

**5 letters**
Apart
Enact
Orlon
Pipes

**7 letters**
Arnicas
Churned
Nitrous
Percale

**8 letters**
Accustom
Anaphora
Caduceus
Demesnes
Egomania
Elephant
Hassocks
Poseidon

**9 letters**
Antiknock
Cellphone
Plectrums
Sheltered

| | | | | | | | | | | | |
|---|---|---|---|---|---|---|---|---|---|---|---|
| ¹ | ² | ³ | ⁴ | ⁵ | ⁶ | ⁷ | | ⁸ | ⁹ | ¹⁰ | ¹¹ | ¹² |

**3letters**
Ads
Aka
Ate
Dew
How
Irk
Kin
Nan
Old
Ore
Phi
Rat
Res

Sad
Sin
Sup

**4letters**
Oath
Spew
Taut
Undo

**5letters**
Agent
Aware
Brush
Eases
Gnars

Inane
Labor
Lento
Litho
Naves
Okapi
Oscan
Recto
Stain
Strum
Tales

**6letters**
Coatis
Incurs

Reward
Wholly

**7letters**
Awaking
Balance
Cassava
Honkeys
Latakia
Oddness
Raw data
Schools
Startle
Tool kit
Trainer

Uncials

**9letters**
Admission
Blood heat
Restarted
Sure thing

## 96

| 1 | 2 | 3 | 4 | 5 | 6 | 7 | | 8 | 9 | 10 | 11 | 12 |
|---|---|---|---|---|---|---|---|---|---|----|----|----|
| 13 | | | | | | | | 14 | | | | |
| 15 | | | | | | | | 16 | | | | |
| 17 | | | | | | 18 | 19 | | | | | |
| 20 | | | | 21 | | 22 | | | | 23 | | |
| | | | 24 | | 25 | | | | | 26 | | |
| 27 | 28 | 29 | | | | | 30 | 31 | 32 | | | |
| 33 | | | | 34 | 35 | | | | | | | |
| 36 | | | | 37 | | | | 38 | | 39 | 40 | 41 |
| 42 | | | 43 | | | | | 44 | | | | |
| 45 | | | | | 46 | 47 | 48 | | | | | |
| 49 | | | | | 50 | | | | | | | |
| 51 | | | | | 52 | | | | | | | |

**3letters**
Ala
Are
Ass
Car
Eat
Era
Fin
Hag
Orr
Ort
Rut
Tor

**4letters**

Lame
Sect
Tare
Team

**5letters**
Amain
Basic
Bolts
Ester
Fires
Hence
Label
Pearl
Piece

Raita
Rally
Ranee
Sabra
Sarah
Say-so
Shape
Sprig
Strap
Tarts
Uriah

**6letters**
Anklet
Lackey

Peseta
Psyche

**7letters**
Areolae
Bus stop
Carsick
Coal tar
Crimson
Erratic
Eurasia
Laotian
Liberty
Orators
Plenary

Precept
Ransack
Starter
Steeple
Terrane

## 97

| 2letters | Ire | Clop | Torn | Chaconne |
|----------|-----|------|------|----------|
| Be | Lei | Eire | Urea | Crabbier |
| Do | Leo | Eons | Weds | Entreats |
| In | Not | Hint | **5letters** | Lake Erie |
| Or | Pea | Inca | Crisp | Mediator |
| **3letters** | Pen | Lent | Penal | Noontide |
| Ass | Per | Mags | Psalm | Occident |
| Die | Tip | Odds | Worst | Vrooming |
| Doe | TNT | Otic | **7letters** | **9letters** |
| ENE | Wen | Penn | At worst | Intensive |
| Ere | **4letters** | Rate | Becalms | Mnemonics |
| ESP | Akin | Rest | Elastic | Penetrate |
| Inn | Aria | Rich | Presume | Reelected |
| Ion | Choc | Tier | **8letters** | |

| 3**letters** | Tip | Incas | Redeem | Shatter |
|---|---|---|---|---|
| Ado | TNT | Mirth | Relate | 9**letters** |
| Age | Yap | Obeah | 7**letters** | Impressed |
| Ape | 4**letters** | Phyla | Adenine | Otherwise |
| Ate | Agar | Polyp | Ammeter | Phenotype |
| Bet | Nape | Porns | Atlanta | Round trip |
| Ego | Tort | Ratio | Crystal | |
| Err | Woke | Sedgy | Engross | |
| Moo | 5**letters** | Slope | Granada | |
| Mug | Alibi | Solar | Leopold | |
| NIH | Arête | Ukase | Obligee | |
| Nun | Danes | 6**letters** | Posters | |
| O'er | Graph | Estate | Regular | |
| Sat | Ideas | One-man | Saurian | |

# 99

| 3 letters | 4 letters | | | |
|-----------|-----------|---|---|---|
| Age | Deal | Inter | Resins | Reasons |
| Are | Oral | Inuit | Screen | Re-enter |
| Dam | Sere | Lyres | **7 letters** | Sirenia |
| Ens | Tire | Paisa | Censers | Someday |
| Ere | **5 letters** | Rebec | Cogency | Spacial |
| Goa | Acerb | Retro | Ecstasy | |
| Ill | Adore | Serbs | En route | |
| Née | Anger | Slaty | Essence | |
| Neo- | Argue | Soots | Indusia | |
| Poe | Arsed | Stone | Neatest | |
| Rat | Crate | Traps | Obliges | |
| See | Credo | **6 letters** | Oculist | |
| **4 letters** | Galas | Afloat | Oneself | |
| | Groan | Dressy | Outsell | |

# 100

| 2 **letters** | Men | Anus | Ream | Arm in arm |
|---|---|---|---|---|
| Be | Nan | Asia | Slew | Autumnal |
| It | Née | Brae | Sway | Jacobean |
| Ma | Pam | Burl | 5 **letters** | Misdated |
| Of | Pod | Cite | Newsy | Papooses |
| 3 **letters** | Rio | Eats | Plebe | Rottenly |
| Ant | Sod | Elan | Realm | Scofflaw |
| Are | Sop | Emmy | Users | Universe |
| Dom | Tug | Etna | 7 **letters** | 9 **letters** |
| End | Vat | Étui | Applaud | Mine field |
| Err | 4 **letters** | Euro | Biplane | Movie star |
| Fop | Acne | Feta | Offense | Neophytes |
| GMT | Alum | Juju | Overdue | Pseudonym |
| Ham | Ants | Jute | 8 **letters** | |

# Solutions

# Solution No.01

| M | I | C | K | ■ | P | O | P | U | L | A | T | E |
| I | C | O | N | ■ | A | C | E | T | A | T | E | S |
| C | I | A | O | ■ | S | T | A | I | D | E | S | T |
| R | E | S | T | A | T | E | ■ | L | E | A | S | E |
| O | R | T | ■ | L | A | T | T | E | ■ | W | E | E |
| ■ | ■ | T | O | ■ | S | O | ■ | H | A | R | M | ■ |
| C | A | C | H | E | T | ■ | P | L | A | Y | A | S |
| H | I | R | E | ■ | I | S | ■ | A | M | ■ | ■ | ■ |
| E | R | E | ■ | T | E | E | N | S | ■ | P | R | Y |
| S | W | O | R | E | ■ | C | O | T | E | R | I | E |
| T | A | L | E | S | M | E | N | ■ | T | O | G | A |
| E | V | E | N | T | I | D | E | ■ | C | L | O | T |
| R | E | S | T | Y | L | E | S | ■ | H | E | R | S |

# Solution No.02

| B | A | S | M | A | T | I | ■ | B | L | A | S | E |
| A | L | P | I | N | E | S | ■ | L | I | N | A | C |
| S | L | A | N | D | E | R | ■ | A | M | N | I | O |
| T | O | R | T | ■ | ■ | A | S | S | A | U | L | T |
| S | T | E | E | L | ■ | E | A | T | ■ | L | E | Y |
| ■ | ■ | ■ | R | E | A | L | M | ■ | A | R | P | ■ |
| P | R | E | S | E | T | ■ | B | O | U | R | S | E |
| R | E | M | ■ | L | E | A | R | N | ■ | ■ | ■ | ■ |
| I | M | P | ■ | S | A | Y | ■ | B | A | S | A | L |
| M | O | R | T | I | S | E | ■ | ■ | W | A | L | E |
| A | R | E | A | S | ■ | L | A | T | A | K | I | A |
| T | A | S | K | S | ■ | I | V | O | R | I | E | S |
| E | S | S | A | Y | ■ | D | E | M | E | S | N | E |

# Solution No.03

| P | O | T | S | D | A | M | ■ | H | A | F | T | S |
| A | U | R | E | O | L | E | ■ | A | L | A | R | M |
| S | T | U | T | T | E | R | ■ | R | E | T | I | E |
| T | E | E | ■ | P | L | O | D | ■ | E | T | A | ■ |
| A | R | R | O | W | H | E | A | D | ■ | F | O | R |
| ■ | ■ | ■ | P | A | S | ■ | T | R | I | U | N | E |
| S | E | D | E | R | ■ | ■ | I | D | L | E | D | ■ |
| L | A | U | N | C | H | ■ | O | N | E | ■ | ■ | ■ |
| I | T | D | ■ | R | E | V | O | K | A | B | L | E |
| M | A | G | ■ | I | D | O | L | ■ | L | A | X | ■ |
| I | B | E | A | M | ■ | T | I | T | R | A | T | E |
| E | L | O | P | E | ■ | E | T | H | E | R | I | C |
| R | E | N | T | S | ■ | R | E | O | P | E | N | S |

# Solution No.04

| D | R | A | P | E | R | S | ■ | A | R | I | A | S |
| R | E | T | R | E | A | T | ■ | G | E | N | I | E |
| A | T | L | A | N | T | A | ■ | L | I | V | R | E |
| F | I | A | T | ■ | ■ | P | H | O | N | I | C | S |
| T | E | S | T | Y | ■ | L | A | W | ■ | T | O | R |
| ■ | ■ | ■ | L | O | V | E | R | ■ | R | O | E | ■ |
| G | A | L | E | N | A | ■ | E | N | F | O | L | D |
| O | N | E | ■ | G | A | M | E | R | ■ | ■ | ■ | ■ |
| O | D | E | ■ | G | U | T | ■ | T | I | A | R | A |
| D | I | T | S | I | E | R | ■ | ■ | A | L | E | S |
| B | R | I | E | R | ■ | I | A | M | B | I | C | S |
| Y | O | D | E | L | ■ | U | L | U | L | A | T | E |
| E | N | E | M | Y | ■ | M | I | M | E | S | I | S |

# Solution No.05

| C | A | S | T | ■ | B | E | S | T | O | W | E | D |
| A | L | O | E | ■ | A | R | E | O | L | A | T | E |
| B | I | D | E | ■ | C | A | T | A | L | P | A | S |
| L | E | A | N | T | O | S | ■ | S | A | I | G | A |
| E | N | S | ■ | A | N | E | N | T | ■ | T | E | L |
| ■ | ■ | ■ | A | M | ■ | S | O | ■ | D | I | R | T |
| C | A | S | T | E | R | ■ | R | A | I | S | E | S |
| A | N | T | E | ■ | O | R | ■ | M | E | ■ | ■ | ■ |
| R | I | O | ■ | G | E | E | S | E | ■ | A | L | E |
| A | L | D | E | R | ■ | M | I | N | E | R | A | L |
| M | I | G | R | A | T | O | R | ■ | A | R | I | A |
| E | N | E | R | V | A | T | E | ■ | C | A | R | T |
| L | E | S | S | E | N | E | D | ■ | H | Y | D | E |

# Solution No.06

| C | R | E | E | D | A | L | ■ | F | A | C | E | T |
| R | A | N | K | I | N | E | ■ | A | G | A | M | A |
| A | N | T | E | N | N | A | ■ | C | A | R | I | B |
| S | E | E | ■ | ■ | E | R | I | E | ■ | E | R | A |
| S | E | R | G | E | A | N | T | S | ■ | F | A | R |
| ■ | ■ | ■ | A | L | L | ■ | S | A | L | U | T | E |
| T | O | I | L | S | ■ | ■ | V | A | L | E | T | ■ |
| R | U | N | L | E | T | ■ | Y | E | S | ■ | ■ | ■ |
| I | T | D | ■ | W | A | T | E | R | S | H | E | D |
| C | G | I | ■ | H | U | R | L | ■ | ■ | A | L | E |
| O | R | A | T | E | ■ | E | L | A | S | T | I | C |
| T | O | N | E | R | ■ | T | O | R | P | E | D | O |
| S | W | A | G | E | ■ | S | W | E | A | R | E | R |

# Solution No.07

```
B R E E D I N G   A C H E
A I R C O V E R   L O O M
B O S H   E R A   W O M B
U T T E R   O N P A P E R
      L A P   D A Y   M A
A C R O P O L I S   S A C
R O A N   L A O   A I D E
T A G   M I D S U M M E R
I T   P A T   E R R
S T A R T E R   N I S E I
T A C O   S E A   T O W N
R I M E   S A L A A M E D
Y L E M   E M I S S A R Y
```

# Solution No.08

```
S A D D H U S   S T A B S
A T H E I S T   H A N O I
C R O S S E R   O R G A N
K I T S   E N R O U T E
S P I E S   E O N   L I D
      R E C T O   A N I
B A R T E R   S P U R G E
R N A   O C E A N
A T M   C O O   S E P T S
L E A S I N G   A L O T
E N D E D   N A R R A T E
S N A R E   A B U T T E R
S A N E R   C A T H O D E
```

# Solution No.09

```
T R E K   C A T A L P A S
R U N E   A M A R I L L O
A N T E   M O N O R A I L
P U R L I E U   M A T E D
S P Y   A O R T A   O N E
      A M   S O   G O E R
S C R I B E   P L A N E S
N E E D   A T   A S
I L O   C R A S S   A S S
D E C R Y   B E T W E E N
E S C A R O L E   A R I A
S T U P I D E R   S I N G
T A R T L E T S   P E E S
```

# Solution No.10

```
A T T R A C T S   S P I C
P R I E D I E U   T A N H
E O N S   S A C   A N T E
D W E E B   S C A T T E R
      L A C   E Y E   G O
D O L L H O U S E   L E K
I R I S   M R S   M E R E
M A P   M E N O P A U S E
I T   N A B   R A T
N O M I N A L   L I V E N
I R O N   C I A   S E R E
S I R E   K E R O S E N E
H O E S   S U C K E R E D
```

# Solution No.11

```
P O M A D E D   S T O O D
A P O L U N E   T E M P I
S T O P P L E   R A N U P
T E E   I D L E   I L O
A D D R E S S E E   B E L
      A N T   A T T U N E
S C O T T   C O S T S
T U R E E N   R A P
I T D   R E F E R E N C E
C R U   I T E M   Y A W
K A R A T   V O L T A G E
U T E R I   E T A I L E R
P E S T S   R E H E A R S
```

# Solution No.12

```
S I R E N I A   T O R A H
O N E S E L F   A R E N A
O U T S E L L   S A V I N
T I R E   A R T L E S S
S T O N E   M A Y   N E O
      C A R E T   G E M
C A M E R A   T W E E D S
O N E   M A Y O R
R O E   S I N   T R A L A
A T T U N E S   A G I N
C H I N O   W E L T I N G
L E N T O   E N S I L E S
E R G O T   R E D C E N T
```

## Solution No.13

| T | A | M | P | ■ | S | T | A | B | I | L | E | S |
|---|---|---|---|---|---|---|---|---|---|---|---|---|
| I | D | O | L | ■ | C | O | L | O | R | A | N | T |
| L | O | V | E | ■ | A | P | P | R | A | I | S | E |
| T | R | E | A | D | L | E | ■ | E | N | D | U | E |
| H | E | R | ■ | U | P | E | N | D | ■ | L | I | P |
| ■ | A | N | ■ | S | O | ■ | T | O | T | E | ■ | ■ |
| F | A | L | T | E | R | ■ | T | H | A | W | E | D |
| A | G | U | E | ■ | A | S | ■ | A | M | ■ | ■ | ■ |
| M | O | N | ■ | S | T | A | R | T | ■ | B | A | T |
| I | N | E | P | T | ■ | T | E | E | N | A | G | E |
| N | I | T | R | O | G | E | N | ■ | A | R | E | A |
| E | S | T | O | P | P | E | D | ■ | P | O | N | S |
| S | T | E | P | S | O | N | S | ■ | A | N | T | E |

## Solution No.14

| A | B | A | L | O | N | E | S | ■ | R | O | B | E |
|---|---|---|---|---|---|---|---|---|---|---|---|---|
| M | A | H | A | R | A | N | I | ■ | A | R | E | S |
| A | B | E | T | ■ | B | I | D | ■ | Z | E | R | O |
| H | E | M | E | N | ■ | D | E | P | O | S | I | T |
| ■ | ■ | R | I | P | ■ | P | A | R | ■ | B | E | ■ |
| A | C | R | O | P | O | L | I | S | ■ | H | E | R |
| R | O | A | N | ■ | L | E | E | ■ | S | A | R | I |
| T | A | P | ■ | D | I | A | C | R | I | T | I | C |
| I | T | ■ | P | O | T | ■ | E | O | N | ■ | ■ | ■ |
| S | T | A | R | T | E | R | ■ | B | A | S | A | L |
| T | A | C | O | ■ | S | O | B | ■ | T | U | N | E |
| R | I | M | E | ■ | S | O | R | O | R | I | T | Y |
| Y | L | E | M | ■ | E | M | A | N | A | T | E | S |

## Solution No.15

| A | S | T | R | I | D | E | ■ | Z | E | S | T | S |
|---|---|---|---|---|---|---|---|---|---|---|---|---|
| S | A | R | A | C | E | N | ■ | E | N | U | R | E |
| P | R | O | T | E | I | N | ■ | I | D | L | E | R |
| E | E | L | ■ | S | U | I | T | ■ | C | A | P | ■ |
| R | E | L | E | N | T | I | N | G | ■ | A | T | E |
| ■ | ■ | D | O | S | ■ | N | E | A | T | E | N | ■ |
| A | S | T | I | R | ■ | ■ | I | N | E | R | T | ■ |
| C | H | A | T | T | Y | ■ | U | S | A | ■ | ■ | ■ |
| R | E | S | ■ | H | E | A | R | T | L | E | S | S |
| E | L | K | ■ | W | A | D | S | ■ | V | I | E | ■ |
| A | L | I | N | E | ■ | D | I | S | T | E | N | D |
| G | E | N | E | S | ■ | E | N | H | A | N | C | E |
| E | R | G | O | T | ■ | R | E | E | N | T | E | R |

## Solution No.16

| S | T | R | E | T | C | H | ■ | T | A | T | E | R |
|---|---|---|---|---|---|---|---|---|---|---|---|---|
| C | H | O | L | E | R | A | ■ | E | L | O | P | E |
| R | E | S | E | N | T | S | ■ | P | O | P | I | N |
| O | T | I | C | ■ | S | T | E | E | P | L | E | ■ |
| D | A | N | T | E | ■ | L | E | E | ■ | L | A | W |
| ■ | ■ | O | R | D | E | R | ■ | ■ | E | T | A | ■ |
| S | P | A | R | E | R | ■ | M | O | R | S | E | L |
| T | O | N | ■ | E | N | S | U | E | ■ | ■ | ■ | ■ |
| U | L | T | ■ | M | A | O | ■ | T | A | M | P | S |
| T | E | A | C | A | R | T | ■ | G | O | R | E | ■ |
| T | A | C | E | T | ■ | I | M | P | E | R | I | L |
| E | X | I | L | E | ■ | C | O | U | N | S | E | L |
| R | E | D | L | Y | ■ | E | A | S | T | E | R | S |

## Solution No.17

| C | L | A | P | P | E | R | ■ | S | T | A | G | E |
|---|---|---|---|---|---|---|---|---|---|---|---|---|
| H | E | R | O | I | N | E | ■ | C | O | D | O | N |
| E | V | E | R | E | S | T | ■ | A | M | E | N | D |
| S | E | N | T | ■ | A | D | R | E | N | A | L | ■ |
| T | R | A | I | L | ■ | K | E | Y | ■ | O | D | E |
| ■ | ■ | C | E | L | E | B | ■ | ■ | M | A | S | ■ |
| A | P | N | O | E | A | ■ | A | N | N | A | L | S |
| P | E | E | ■ | S | P | R | E | E | ■ | ■ | ■ | ■ |
| O | T | T | ■ | T | E | A | ■ | T | U | N | E | D |
| C | U | T | W | O | R | M | ■ | T | O | U | R | ■ |
| O | N | I | O | N | ■ | P | U | E | R | I | L | E |
| P | I | N | O | N | ■ | A | T | L | A | S | E | S |
| E | A | G | L | E | ■ | S | E | L | L | E | R | S |

## Solution No.18

| A | S | T | A | R | T | E | ■ | D | E | B | A | R |
|---|---|---|---|---|---|---|---|---|---|---|---|---|
| N | E | R | V | O | U | S | ■ | O | V | U | L | E |
| O | R | I | E | N | T | S | ■ | C | E | R | I | A |
| D | U | B | ■ | T | E | A | K | ■ | N | E | D | ■ |
| E | M | E | R | G | E | N | C | Y | ■ | E | N | E |
| ■ | ■ | H | A | D | ■ | T | A | S | T | E | R | ■ |
| A | C | R | E | S | ■ | ■ | R | I | T | E | S | ■ |
| S | H | E | A | T | H | ■ | A | D | D | ■ | ■ | ■ |
| H | A | P | ■ | R | E | F | U | S | E | N | I | K |
| C | R | U | ■ | I | R | O | N | ■ | O | N | E | ■ |
| A | L | L | O | T | ■ | A | T | L | A | R | G | E |
| N | I | S | E | I | ■ | L | I | A | I | S | O | N |
| S | E | E | R | S | ■ | S | E | C | R | E | T | S |

## Solution No.19

| S | T | R | A | F | E | R | ■ | G | A | L | L | S |
|---|---|---|---|---|---|---|---|---|---|---|---|---|
| C | H | O | R | A | L | E | ■ | O | D | I | U | M |
| R | E | V | E | R | E | S | ■ | N | O | N | C | E |
| A | T | E | ■ | ■ | V | E | T | O | ■ | G | E | L |
| P | A | R | A | M | E | T | E | R | ■ | U | R | L |
| ■ | ■ | R | A | N | ■ | A | R | C | A | N | E | ■ |
| L | A | D | E | N | ■ | ■ | H | O | L | E | D | ■ |
| I | C | E | A | G | E | ■ | P | E | R | ■ | ■ | ■ |
| M | R | S | ■ | A | V | A | L | A | N | C | H | E |
| N | Y | C | ■ | N | E | V | E | ■ | ■ | L | A | T |
| E | L | A | T | E | ■ | E | N | G | L | I | S | H |
| R | I | L | E | S | ■ | R | U | N | I | N | T | O |
| S | C | E | N | E | ■ | S | M | U | D | G | E | S |

## Solution No.20

| G | R | E | S | H | A | M | ■ | H | A | S | P | S |
|---|---|---|---|---|---|---|---|---|---|---|---|---|
| L | E | N | T | I | G | O | ■ | O | B | E | A | H |
| O | V | E | R | T | O | P | ■ | M | E | A | N | Y |
| M | E | M | E | ■ | ■ | P | A | E | L | L | A | S |
| S | T | A | T | E | ■ | E | R | R | ■ | A | C | T |
| ■ | ■ | ■ | C | R | A | T | E | ■ | ■ | N | E | E |
| B | U | S | H | E | L | ■ | N | E | C | T | A | R |
| E | R | A | ■ | G | U | A | N | O | ■ | ■ | ■ | ■ |
| C | A | N | ■ | P | A | N | ■ | D | A | M | P | S |
| A | N | I | S | E | E | D | ■ | ■ | G | O | A | T |
| L | I | C | I | T | ■ | I | M | P | U | L | S | E |
| M | U | L | L | A | ■ | E | P | I | L | A | T | E |
| S | M | E | L | L | ■ | S | H | E | A | R | E | R |

## Solution No.21

| S | A | L | T | ■ | A | S | P | E | R | S | E | S |
|---|---|---|---|---|---|---|---|---|---|---|---|---|
| A | L | O | E | ■ | S | H | A | D | I | E | S | T |
| B | I | A | S | ■ | P | A | T | I | E | N | C | E |
| R | A | T | T | L | E | R | ■ | C | L | E | A | R |
| A | S | H | ■ | A | N | E | N | T | ■ | G | P | O |
| ■ | ■ | ■ | P | I | ■ | S | O | ■ | T | A | E | L |
| S | P | H | E | R | E | ■ | T | H | O | L | E | S |
| P | O | E | T | ■ | A | M | ■ | Y | O | ■ | ■ | ■ |
| A | L | E | ■ | S | T | A | M | P | ■ | D | U | E |
| R | E | L | E | T | ■ | S | E | E | M | I | N | G |
| E | N | T | R | U | S | T | S | ■ | E | M | I | R |
| S | T | A | N | D | E | E | S | ■ | M | E | T | E |
| T | A | P | E | S | T | R | Y | ■ | E | R | S | T |

## Solution No.22

| T | E | N | E | M | E | N | T | ■ | P | A | N | E |
|---|---|---|---|---|---|---|---|---|---|---|---|---|
| A | N | I | M | A | T | O | R | ■ | A | M | E | X |
| P | O | N | E | ■ | A | R | E | ■ | L | A | M | P |
| A | L | E | R | T | ■ | M | A | R | S | H | A | L |
| ■ | ■ | ■ | A | I | L | ■ | S | O | Y | ■ | T | O |
| C | O | L | L | E | A | G | U | E | ■ | H | O | D |
| A | R | I | D | ■ | B | U | R | ■ | B | I | D | E |
| T | A | T | ■ | S | O | M | E | T | I | M | E | S |
| A | T | ■ | O | A | R | ■ | R | O | T | ■ | ■ | ■ |
| C | O | D | I | C | I | L | ■ | N | U | D | G | E |
| O | R | A | L | ■ | O | A | T | ■ | M | O | O | D |
| M | I | R | E | ■ | U | N | O | P | E | N | E | D |
| B | O | N | D | ■ | S | E | M | I | N | A | R | Y |

## Solution No.23

| S | W | A | P | ■ | A | S | P | E | R | S | E | S |
|---|---|---|---|---|---|---|---|---|---|---|---|---|
| M | A | L | L | ■ | S | H | A | D | I | E | S | T |
| A | I | D | E | ■ | P | A | T | I | E | N | C | E |
| S | T | E | A | M | E | R | ■ | C | L | E | A | R |
| H | E | R | ■ | A | N | E | N | T | ■ | G | P | O |
| ■ | ■ | ■ | A | N | ■ | S | O | ■ | T | A | E | L |
| A | R | S | I | N | E | ■ | T | H | O | L | E | S |
| R | U | H | R | ■ | A | M | ■ | Y | O | ■ | ■ | ■ |
| M | B | A | ■ | S | T | A | M | P | ■ | D | U | E |
| R | E | P | O | T | ■ | S | E | E | M | I | N | G |
| E | L | E | G | I | S | T | S | ■ | E | M | I | R |
| S | L | U | R | R | I | E | S | ■ | R | E | T | E |
| T | A | P | E | S | T | R | Y | ■ | E | R | S | T |

## Solution No.24

| E | L | A | T | E | R | S | ■ | M | A | P | L | E |
|---|---|---|---|---|---|---|---|---|---|---|---|---|
| C | O | C | H | R | A | N | ■ | A | R | E | A | L |
| L | I | M | E | A | D | E | ■ | C | I | S | C | O |
| A | R | E | A | ■ | ■ | E | R | R | A | T | I | C |
| T | E | S | T | Y | ■ | Z | O | O | ■ | L | E | U |
| ■ | ■ | ■ | R | O | D | E | O | ■ | ■ | E | S | T |
| S | E | R | E | N | E | ■ | ■ | T | R | I | S | T |
| H | U | E | ■ | ■ | B | I | S | O | N | ■ | ■ | ■ |
| A | R | E | ■ | H | A | T | ■ | B | H | A | N | G |
| P | A | N | D | O | R | A | ■ | ■ | A | G | A | R |
| E | S | T | E | R | ■ | ■ | L | A | M | B | A | D | A |
| R | I | E | L | S | ■ | I | L | E | I | T | I | S |
| S | A | R | E | E | ■ | C | E | N | T | E | R | S |

# Solution No.25

| M | O | S | S |   | P | O | P | U | L | A | T | E |
| A | N | T | E |   | A | C | E | T | A | T | E | S |
| L | I | R | A |   | S | T | A | I | D | E | S | T |
| A | C | E | T | A | T | E |   | L | E | A | S | E |
| Y | E | W |   | L | A | T | T | E |   | W | E | E |
|   |   | T | O |   | S | O |   | H | A | R | M |   |
| C | A | C | H | E | T |   | P | L | A | Y | A | S |
| A | B | L | E |   | I | S |   | A | T |   |   |   |
| M | A | O |   | T | E | E | N | S |   | W | A | N |
| P | L | U | S | H |   | R | O | S | E | A | T | E |
| H | O | T | L | I | N | E | S |   | T | H | O | R |
| O | N | E | O | N | O | N | E |   | C | O | L | D |
| R | E | D | E | E | M | E | D |   | H | O | L | Y |

# Solution No.26

| G | R | A | P | N | E | L | S |   | S | H | A | H |
| M | I | C | R | O | B | I | C |   | H | I | D | E |
| A | L | E | E |   | B | A | H |   | A | R | E | A |
| N | E | R | V | Y |   | R | E | A | R | E | N | D |
|   |   | E | E | L |   | M | I | D |   | O | R |   |
| I | D | E | N | T | I | C | A | L |   | L | I | E |
| M | I | S | T |   | F | A | T |   | F | E | D | S |
| P | A | T |   | A | E | R | I | A | L | I | S | T |
| A | T |   | A | R | P |   | C | U | E |   |   |   |
| C | R | A | M | M | E | R |   | K | N | O | B | S |
| T | I | L | E |   | E | O | N |   | S | A | I | L |
| E | B | O | N |   | R | O | O | M | E | T | T | E |
| D | E | E | D |   | S | T | R | E | S | S | E | D |

# Solution No.27

| A | P | A | T | I | T | E |   | A | B | A | C | A |
| G | R | I | N | D | E | R |   | V | A | T | I | C |
| R | E | S | T | O | R | E |   | U | S | A | G | E |
| E | E | L |   | S | C | A | N |   | V | A | T |   |
| E | N | E | R | G | E | T | I | C |   | I | R | A |
|   |   | O | A | R |   | R | U | S | S | E | T |   |
| S | T | A | L | L |   | L | O | T | T | E |   |   |
| P | O | M | E | L | O |   | B | A | A |   |   |   |
| I | K | E |   | S | U | P | E | R | P | O | S | E |
| R | A | N |   | T | R | A | Y |   | B | O | A |   |
| A | M | I | N | O |   | T | O | P | P | E | R | S |
| L | A | T | I | N |   | I | N | H | A | S | T | E |
| S | K | Y | P | E |   | O | D | D | N | E | S | S |

# Solution No.28

| A | S | C | I | T | E | S |   | C | A | M | P | S |
| P | L | A | C | A | T | E |   | A | L | A | R | Y |
| P | U | R | I | T | A | N |   | S | O | N | E | S |
| L | E | A | N |   | A | T | T | E | M | P | T |   |
| E | S | T | E | R |   | T | O | E |   | A | P | E |
|   |   | S | O | B | E | R |   | D | I | M |   |   |
| C | H | A | S | E | R |   | S | A | R | E | E | S |
| H | E | M |   | A | D | O | R | E |   |   |   |   |
| E | R | R |   | P | I | E |   | C | A | M | E | O |
| S | O | I | L | I | N | G |   | C | O | D | A |   |
| T | I | T | A | N |   | R | I | O | T | O | U | S |
| E | N | A | C | T |   | E | N | F | O | R | C | E |
| D | E | S | K | S |   | E | N | T | R | E | E | S |

# Solution No.29

| S | L | O | T |   | A | S | P | E | R | S | E | S |
| M | I | C | E |   | P | H | O | N | I | E | S | T |
| A | N | T | E |   | N | O | T | E | C | A | S | E |
| R | E | E | N | T | E | R |   | M | E | T | E | R |
| T | N | T |   | R | A | T | T | Y |   | I | N | N |
|   |   | B | E |   | S | O |   | O | N | C | E |   |
| C | A | R | I | E | S |   | P | U | R | G | E | R |
| A | B | I | T |   | I | S |   | M | E |   |   |   |
| C | I | S |   | C | R | U | M | B |   | A | B | O |
| K | L | I | N | E |   | B | E | O | W | U | L | F |
| L | E | B | A | N | E | S | E |   | E | D | I | T |
| E | N | L | I | S | T | E | D |   | L | I | N | E |
| R | E | E | L | E | C | T | S |   | L | O | I | N |

# Solution No.30

| A | M | E | R | I | C | A | S |   | P | U | S | H |
| P | A | L | O | M | I | N | O |   | A | R | E | A |
| E | G | A | D |   | G | N | U |   | Y | E | A | S |
| S | I | N | E | W |   | A | B | R | E | A | S | T |
|   |   | N | E | D |   | R | O | E |   | H | E |   |
| S | C | A | T | T | E | R | E | D |   | R | O | N |
| O | O | P | S |   | C | O | T |   | P | A | R | E |
| C | A | T |   | B | O | T | T | L | E | F | E | D |
| I | T |   | M | U | M |   | E | A | R |   |   |   |
| A | T | T | E | M | P | T |   | P | S | A | L | M |
| B | A | I | L |   | O | O | H |   | O | G | E | E |
| L | I | C | E |   | S | W | O | O | N | I | N | G |
| E | L | S | E |   | E | N | T | R | A | N | T | S |

# Solution No.31

| O | C | T | O | P | U | S | | T | R | I | A | L |
| F | O | R | W | E | N | T | | R | O | N | D | O |
| F | O | O | L | E | R | Y | | A | B | B | O | T |
| E | E | L | | | E | L | A | N | | O | P | T |
| R | E | L | E | A | S | E | R | S | | U | T | E |
| | | | A | N | T | | C | O | R | N | E | R |
| F | I | R | S | T | | | | N | O | D | D | Y |
| A | C | E | T | I | C | | M | I | D | | | |
| S | E | T | | P | O | L | I | C | E | C | A | R |
| C | O | S | | O | N | U | S | | | R | N | A |
| I | V | I | E | D | | C | H | A | M | O | I | S |
| S | E | N | S | E | | R | A | D | I | C | L | E |
| T | R | A | P | S | | E | P | O | X | I | E | S |

# Solution No.32

| C | H | E | S | S | E | S | | S | L | I | C | K |
| L | E | N | I | E | N | T | | T | O | N | A | L |
| O | L | D | S | T | E | R | | A | R | O | S | E |
| P | O | U | T | | | A | D | V | E | R | S | E |
| S | T | E | E | L | | T | E | E | | D | A | N |
| | | | R | E | G | A | L | | | E | V | E |
| C | H | A | S | E | R | | T | H | O | R | A | X |
| O | A | R | | | A | G | A | I | N | | | |
| W | I | G | | S | I | R | | S | A | G | A | S |
| P | R | O | P | A | N | E | | | R | E | N | T |
| A | N | N | O | Y | | A | M | M | O | N | I | A |
| T | E | N | S | E | | S | E | A | L | I | L | Y |
| S | T | E | E | R | | E | N | D | L | E | S | S |

# Solution No.33

| T | A | G | A | L | O | G | | A | C | M | E | S |
| A | L | U | M | I | N | A | | S | H | A | M | E |
| C | L | I | P | P | E | R | | S | A | R | I | S |
| T | O | L | L | | | B | L | A | T | A | N | T |
| S | T | E | E | L | | L | A | Y | | N | E | E |
| | | | S | E | W | E | R | | | T | N | T |
| S | E | T | T | E | E | | G | R | O | A | T | S |
| C | A | R | | | A | M | O | U | R | | | |
| I | R | A | | A | V | E | | B | E | M | A | S |
| S | L | I | M | I | E | R | | | G | O | B | I |
| S | O | N | A | R | | G | O | N | A | D | A | L |
| O | B | E | S | E | | E | V | E | N | E | S | T |
| R | E | E | K | S | | R | A | D | O | M | E | S |

# Solution No.34

| S | T | A | T | I | S | T | S | | P | I | C | A |
| H | A | B | A | N | E | R | A | | E | C | H | T |
| O | B | I | T | | T | I | C | | N | E | A | T |
| P | U | T | T | S | | G | R | A | N | D | M | A |
| | | | L | I | E | | I | R | E | | P | I |
| M | O | D | E | R | N | I | S | M | | B | I | N |
| I | R | I | S | | J | O | T | | M | O | O | T |
| L | A | G | | C | O | N | A | T | I | O | N | S |
| I | T | | S | O | Y | | N | A | N | | | |
| T | O | M | T | O | M | S | | B | U | R | G | H |
| A | R | I | A | | E | L | F | | T | A | R | O |
| R | I | N | K | | N | O | U | M | E | N | A | L |
| Y | O | K | E | | T | E | N | E | R | I | F | E |

# Solution No.35

| A | R | C | H | | B | A | S | S | E | T | E | D |
| C | U | R | E | | I | S | O | P | R | E | N | E |
| C | L | E | F | | O | S | T | I | N | A | T | O |
| R | E | S | T | A | T | E | | C | E | R | E | D |
| A | R | T | | L | A | T | T | E | | I | R | A |
| | | | T | O | | S | O | | T | E | A | R |
| S | A | C | H | E | T | | P | E | A | R | L | S |
| T | R | U | E | | I | S | | A | N | | | |
| A | R | P | | T | E | E | N | S | | R | A | P |
| M | A | O | R | I | | C | A | E | S | U | R | A |
| I | S | L | A | N | D | E | R | | A | N | O | N |
| N | E | A | P | T | I | D | E | | S | U | M | S |
| A | S | S | E | S | S | E | S | | S | P | A | Y |

# Solution No.36

| B | A | S | I | N | E | T | | P | A | C | E | D |
| A | L | U | M | I | N | A | | A | L | O | N | E |
| S | L | I | P | P | E | R | | S | O | U | S | A |
| T | O | T | E | | | G | A | S | T | R | I | C |
| S | T | E | A | L | | E | R | E | | I | L | O |
| | | | C | E | N | T | O | | | E | E | N |
| T | E | E | H | E | E | | S | H | E | R | D | S |
| R | A | G | | | R | H | E | U | M | | | |
| I | R | E | | A | V | E | | B | A | B | E | L |
| C | A | S | H | I | E | R | | | N | A | V | Y |
| O | C | T | A | D | | B | O | R | A | T | E | S |
| T | H | E | R | E | | A | C | E | T | O | N | E |
| S | E | D | E | R | | L | A | M | E | N | T | S |

# Solution No.37

| E | G | G | S | ■ | A | C | O | L | Y | T | E | S |
| M | A | R | E | ■ | V | A | R | I | O | R | U | M |
| O | B | O | E | ■ | I | C | E | S | K | A | T | E |
| T | O | P | M | A | S | T | ■ | L | E | V | E | L |
| E | N | E | ■ | H | O | U | S | E | ■ | A | R | T |
| ■ | ■ | W | E | ■ | S | O | ■ | P | I | P | E | ■ |
| A | P | L | O | M | B | ■ | W | H | A | L | E | R |
| L | E | A | K | ■ | U | P | ■ | U | S | ■ | ■ | ■ |
| C | R | Y | ■ | S | T | E | R | N | ■ | F | A | A |
| A | D | E | P | T | ■ | T | A | K | E | O | F | F |
| L | I | T | E | R | A | T | I | ■ | A | L | T | O |
| D | E | T | A | I | L | E | D | ■ | T | I | E | R |
| E | M | E | R | A | L | D | S | ■ | S | O | R | E |

# Solution No.38

| L | A | I | R | ■ | E | S | C | A | P | A | D | E |
| A | N | N | A | ■ | A | C | A | D | E | M | E | S |
| S | T | U | N | ■ | T | A | B | L | E | M | A | T |
| S | O | R | G | H | U | M | ■ | E | R | O | D | E |
| O | N | E | ■ | U | P | P | E | R | ■ | N | E | E |
| ■ | ■ | ■ | U | S | ■ | I | M | ■ | J | I | S | M |
| M | Y | R | R | H | S | ■ | U | B | O | A | T | S |
| A | E | O | N | ■ | I | D | ■ | A | T | ■ | ■ | ■ |
| C | R | U | ■ | B | R | E | A | K | ■ | G | S | A |
| R | E | S | E | W | ■ | L | I | E | D | O | W | N |
| A | V | E | R | A | G | E | D | ■ | U | N | I | T |
| M | A | R | I | N | A | T | E | ■ | C | E | P | S |
| E | N | S | N | A | R | E | D | ■ | T | R | E | Y |

# Solution No.39

| S | C | H | O | L | A | R | ■ | A | S | S | A | I |
| I | R | O | N | O | R | E | ■ | C | O | A | C | T |
| T | E | L | E | X | E | S | ■ | T | I | T | H | E |
| I | D | E | S | ■ | ■ | A | T | E | L | I | E | R |
| N | O | S | E | S | ■ | L | E | D | ■ | A | N | A |
| ■ | ■ | ■ | L | E | P | E | R | ■ | T | E | N | ■ |
| H | E | I | F | E | R | ■ | M | O | D | E | S | T |
| I | S | M | ■ | ■ | E | N | S | U | E | ■ | ■ | ■ |
| T | S | P | ■ | B | E | E | ■ | T | A | P | P | A |
| L | E | A | S | I | N | G | ■ | ■ | R | I | L | L |
| I | N | L | E | T | ■ | A | R | M | E | N | I | A |
| S | C | E | N | T | ■ | T | O | A | S | T | E | R |
| T | E | S | T | Y | ■ | E | C | S | T | A | S | Y |

# Solution No.40

| S | C | A | N | ■ | A | S | P | E | R | S | E | S |
| H | O | M | E | ■ | S | H | A | D | I | E | S | T |
| A | R | I | A | ■ | P | A | T | I | E | N | C | E |
| R | A | T | T | L | E | R | ■ | C | L | E | A | R |
| P | L | Y | ■ | A | N | E | N | T | ■ | G | P | O |
| ■ | ■ | ■ | P | I | ■ | S | O | ■ | T | A | E | L |
| S | P | H | E | R | E | ■ | T | H | O | L | E | S |
| P | O | E | T | ■ | A | M | ■ | Y | O | ■ | ■ | ■ |
| A | L | E | ■ | S | T | A | M | P | ■ | D | U | E |
| R | E | L | E | T | ■ | S | E | E | M | I | N | G |
| E | N | T | R | U | S | T | S | ■ | E | M | I | R |
| S | T | A | N | D | E | E | S | ■ | M | E | T | E |
| T | A | P | E | S | T | R | Y | ■ | E | R | S | T |

# Solution No.41

| C | O | C | H | L | E | A | ■ | O | P | A | L | S |
| A | R | R | E | A | R | S | ■ | B | O | R | I | C |
| R | A | I | N | O | U | T | ■ | N | I | O | B | E |
| A | T | E | ■ | ■ | P | E | S | O | ■ | U | R | N |
| T | E | S | T | A | T | R | I | X | ■ | S | A | T |
| ■ | ■ | ■ | A | S | S | ■ | P | I | L | A | T | E |
| I | C | T | U | S | ■ | ■ | O | I | L | E | D | ■ |
| C | A | R | T | O | N | ■ | C | U | R | ■ | ■ | ■ |
| E | N | E | ■ | C | O | P | A | S | E | T | I | C |
| C | O | S | ■ | I | T | E | M | ■ | R | N | A | ■ |
| A | N | T | R | A | ■ | R | E | M | A | I | N | S |
| P | I | L | O | T | ■ | C | R | U | M | P | E | T |
| S | C | E | N | E | ■ | H | A | M | P | E | R | S |

# Solution No.42

| B | U | S | L | A | N | E | ■ | S | W | I | S | S |
| A | N | K | U | S | E | S | ■ | C | A | R | T | E |
| S | T | A | S | H | E | S | ■ | A | L | O | U | D |
| S | I | L | T | ■ | A | N | T | E | N | N | A | ■ |
| O | L | D | I | E | ■ | Y | E | S | ■ | A | N | T |
| ■ | ■ | ■ | E | R | A | S | E | ■ | G | E | E | ■ |
| C | A | R | R | E | L | ■ | D | I | V | E | R | S |
| O | V | A | ■ | G | U | S | T | O | ■ | ■ | ■ | ■ |
| R | I | G | ■ | C | A | N | ■ | S | C | A | M | P |
| R | A | T | C | H | E | T | ■ | ■ | A | M | I | R |
| U | T | I | L | E | ■ | O | F | F | L | I | N | E |
| P | O | M | E | S | ■ | L | I | B | I | D | O | S |
| T | R | E | W | S | ■ | D | E | I | C | E | R | S |

# Solution No.43

| T | I | T | A | N | E | S | S | ■ | A | L | P | S |
| A | C | H | R | O | M | A | T | ■ | G | O | R | E |
| P | E | A | R | ■ | S | I | R | ■ | A | T | O | M |
| A | D | I | E | U | ■ | L | A | T | T | I | C | E |
| ■ | ■ | A | R | C | ■ | T | I | E | ■ | A | S | ■ |
| C | H | A | R | L | A | T | A | N | ■ | W | I | T |
| H | E | R | S | ■ | T | E | G | ■ | T | O | N | E |
| R | A | T | ■ | P | A | C | E | M | A | K | E | R |
| I | T | ■ | A | I | L | ■ | M | A | R | ■ | ■ | ■ |
| S | W | A | G | G | E | R | ■ | S | I | B | Y | L |
| T | A | R | E | ■ | P | I | C | ■ | F | L | E | E |
| E | V | E | N | ■ | S | C | R | O | F | U | L | A |
| N | E | S | T | ■ | Y | O | U | R | S | E | L | F |

# Solution No.44

| U | P | S | T | A | R | T | ■ | L | O | T | T | E |
| P | E | T | U | N | I | A | ■ | A | C | O | R | N |
| S | W | A | G | I | N | G | ■ | T | A | M | E | D |
| E | E | L | ■ | ■ | G | O | R | E | ■ | T | A | U |
| T | E | L | E | G | E | N | I | C | ■ | I | D | S |
| ■ | ■ | ■ | A | I | R | ■ | B | O | T | T | L | E |
| A | D | O | R | N | ■ | ■ | M | I | S | E | R | ■ |
| G | R | U | N | G | E | ■ | B | E | E | ■ | ■ | ■ |
| E | A | T | ■ | E | M | B | A | R | R | A | S | S |
| I | S | M | ■ | R | U | I | N | ■ | ■ | B | A | T |
| S | T | O | M | A | ■ | P | A | S | S | A | G | E |
| T | I | D | A | L | ■ | E | N | T | I | C | E | R |
| S | C | E | N | E | ■ | D | A | Y | C | A | R | E |

# Solution No.45

| B | O | A | T | M | A | N | ■ | M | A | G | M | A |
| A | P | R | I | O | R | I | ■ | A | U | R | A | S |
| R | E | S | T | A | T | E | ■ | I | N | E | R | T |
| G | R | I | T | ■ | C | A | N | T | A | T | A | ■ |
| E | A | S | E | L | ■ | E | R | E | ■ | S | I | R |
| ■ | ■ | ■ | R | I | N | S | E | ■ | E | A | T | ■ |
| L | E | S | S | E | E | ■ | N | O | O | D | L | E |
| O | C | T | ■ | ■ | R | E | A | L | M | ■ | ■ | ■ |
| B | U | Y | ■ | O | V | A | ■ | D | I | C | T | A |
| B | A | R | R | I | E | R | ■ | ■ | C | H | I | N |
| I | D | E | A | L | ■ | F | E | A | R | I | N | G |
| N | O | N | C | E | ■ | U | N | B | O | L | T | S |
| G | R | E | E | D | ■ | L | E | A | N | E | S | T |

# Solution No.46

| F | L | A | T | H | E | A | D | ■ | D | E | M | I |
| L | A | U | R | E | A | T | E | ■ | I | R | A | N |
| E | I | R | E | ■ | T | O | P | ■ | T | I | R | O |
| A | R | A | B | S | ■ | P | O | S | S | E | S | S |
| ■ | ■ | L | A | C | ■ | S | A | Y | ■ | H | I | ■ |
| P | A | R | E | G | O | R | I | C | ■ | V | A | T |
| O | N | U | S | ■ | M | O | T | ■ | S | I | L | O |
| S | A | T | ■ | S | P | E | E | D | W | E | L | L |
| I | T | ■ | B | E | E | ■ | D | O | E | ■ | ■ | ■ |
| T | H | R | O | A | T | Y | ■ | ■ | T | E | T | R | A |
| R | E | A | L | ■ | E | E | R | ■ | P | H | I | L |
| O | M | I | T | ■ | N | A | U | S | E | A | T | E |
| N | A | N | S | ■ | T | H | E | O | R | I | Z | E |

# Solution No.47

| B | A | C | K | L | O | G | ■ | C | O | S | T | S |
| A | L | R | E | A | D | Y | ■ | A | D | O | R | E |
| S | L | A | N | D | E | R | ■ | T | O | N | I | C |
| T | O | N | Y | ■ | A | T | T | R | A | C | T | ■ |
| S | T | E | A | L | ■ | T | R | Y | ■ | T | E | A |
| ■ | ■ | ■ | N | I | S | E | I | ■ | A | P | R | ■ |
| C | O | S | S | E | T | ■ | C | L | A | S | S | Y |
| O | N | O | ■ | A | B | E | A | M | ■ | ■ | ■ | ■ |
| R | A | M | ■ | S | I | R | ■ | B | U | R | S | T |
| P | R | A | L | I | N | E | ■ | ■ | S | E | T | A |
| S | O | L | A | R | ■ | A | R | B | I | T | E | R |
| E | L | I | D | E | ■ | S | H | I | N | I | E | R |
| S | L | A | Y | S | ■ | T | O | G | G | E | R | Y |

# Solution No.48

| S | T | A | I | N | E | R | S | ■ | R | E | T | E |
| K | O | I | N | O | N | I | A | ■ | E | V | E | N |
| A | D | D | S | ■ | D | O | C | ■ | T | I | L | T |
| T | O | E | I | N | ■ | T | R | A | I | L | E | R |
| ■ | ■ | ■ | P | O | D | ■ | I | R | E | ■ | M | A |
| P | O | L | I | T | E | S | S | E | ■ | L | A | C |
| A | R | I | D | ■ | F | A | T | ■ | P | E | R | T |
| C | A | P | ■ | P | E | T | A | L | L | I | K | E |
| I | T | ■ | T | A | R | ■ | N | E | E | ■ | ■ | ■ |
| F | O | C | U | S | E | D | ■ | Y | A | W | L | S |
| I | R | O | N | ■ | N | A | B | ■ | S | E | A | L |
| S | I | R | E | ■ | C | R | I | T | E | R | I | A |
| M | O | D | S | ■ | E | N | D | O | D | E | R | M |

## Solution No.49

| M | A | S | C | A | R | A | ■ | I | N | C | O | G |
| A | T | T | U | N | E | D | ■ | N | E | R | V | E |
| T | S | A | R | D | O | M | ■ | T | W | E | E | N |
| E | E | L | ■ | P | I | L | E | ■ | A | R | T | ■ |
| S | A | L | T | P | E | T | E | R | ■ | S | A | E |
| ■ | ■ | ■ | U | R | N | ■ | A | L | L | E | G | E |
| C | R | A | N | E | ■ | ■ | E | A | S | E | L | ■ |
| R | E | C | E | S | S | ■ | C | A | M | ■ | ■ | ■ |
| I | V | E | ■ | I | P | S | O | F | A | C | T | O |
| P | I | T | ■ | D | A | W | N | ■ | H | O | P | ■ |
| P | L | A | T | E | ■ | A | C | O | N | I | T | E |
| L | E | T | I | N | ■ | R | U | N | O | V | E | R |
| E | R | E | C | T | ■ | D | R | O | S | E | R | A |

## Solution No.50

| P | H | O | E | B | E | S | ■ | R | A | M | U | S |
| R | O | M | A | I | N | E | ■ | O | P | I | N | E |
| O | N | E | S | T | E | P | ■ | S | E | N | S | E |
| W | E | N | T | ■ | ■ | T | R | I | D | E | N | T |
| L | Y | S | E | S | ■ | E | O | N | ■ | R | A | H |
| ■ | ■ | ■ | R | E | C | T | O | ■ | ■ | A | R | E |
| F | A | W | N | E | R | ■ | S | T | A | L | L | S |
| O | U | R | ■ | ■ | E | S | T | E | R | ■ | ■ | ■ |
| O | R | E | ■ | C | A | T | ■ | A | M | P | U | L |
| L | I | S | S | O | M | E | ■ | ■ | R | I | L | E |
| I | C | T | U | S | ■ | P | O | T | E | N | C | E |
| S | L | E | E | T | ■ | P | L | A | S | T | E | R |
| H | E | R | D | S | ■ | E | D | I | T | O | R | S |

## Solution No.51

| T | I | T | A | N | E | S | S | ■ | A | L | P | S |
| A | C | H | R | O | M | A | T | ■ | G | O | R | E |
| P | E | A | R | ■ | S | I | R | ■ | A | T | O | M |
| A | D | I | E | U | ■ | L | A | T | T | I | C | E |
| ■ | ■ | ■ | A | R | C | ■ | T | I | E | ■ | A | S |
| C | H | A | R | L | A | T | A | N | ■ | W | I | T |
| H | E | R | S | ■ | T | E | G | ■ | T | O | N | E |
| R | A | T | ■ | P | A | C | E | M | A | K | E | R |
| I | T | ■ | A | I | L | ■ | M | A | R | ■ | ■ | ■ |
| S | W | A | G | G | E | R | ■ | S | I | B | Y | L |
| T | A | R | E | ■ | P | I | C | ■ | F | L | E | E |
| E | V | E | N | ■ | S | C | R | O | F | U | L | A |
| N | E | S | T | ■ | Y | O | U | R | S | E | L | F |

## Solution No.52

| A | B | S | C | E | S | S | ■ | P | R | I | M | P |
| S | U | T | U | R | A | L | ■ | O | U | T | E | R |
| S | T | A | T | E | L | Y | ■ | S | T | E | N | O |
| E | E | L | ■ | ■ | T | E | S | T | ■ | R | A | P |
| S | O | L | D | I | E | R | O | N | ■ | A | C | E |
| ■ | ■ | ■ | A | N | D | ■ | P | A | S | T | E | L |
| S | E | A | T | S | ■ | ■ | T | I | E | R | S | ■ |
| C | A | R | E | E | R | ■ | F | A | T | ■ | ■ | ■ |
| A | R | M | ■ | N | O | V | E | L | E | T | T | E |
| T | H | E | ■ | S | E | E | R | ■ | ■ | W | O | W |
| T | O | N | G | A | ■ | T | U | R | B | I | N | E |
| E | L | I | O | T | ■ | C | L | E | A | N | E | R |
| R | E | A | V | E | ■ | H | E | D | G | E | R | S |

## Solution No.53

| T | A | G | A | L | O | G | ■ | A | B | O | V | E |
| A | L | U | M | I | N | A | ■ | B | O | X | I | N |
| C | L | I | P | P | E | R | ■ | B | L | I | N | G |
| T | O | L | L | ■ | ■ | B | R | E | E | D | E | R |
| S | T | E | E | L | ■ | L | A | Y | ■ | A | G | A |
| ■ | ■ | ■ | S | I | R | E | N | ■ | ■ | T | A | M |
| S | E | T | T | E | E | ■ | G | I | B | E | R | S |
| O | U | R | ■ | ■ | E | D | E | M | A | ■ | ■ | ■ |
| F | R | O | ■ | A | V | E | ■ | P | R | O | A | S |
| T | A | L | L | I | E | S | ■ | ■ | C | A | N | T |
| I | S | L | A | M | ■ | E | N | G | O | R | G | E |
| S | I | E | V | E | ■ | R | O | E | D | E | E | R |
| H | A | Y | E | D | ■ | T | W | E | E | D | L | E |

## Solution No.54

| A | P | E | R | I | E | N | T | ■ | S | P | E | C |
| D | E | M | E | N | T | I | A | ■ | P | I | T | Y |
| A | R | I | D | ■ | A | L | L | ■ | I | N | C | A |
| M | I | T | T | S | ■ | S | L | A | C | K | E | N |
| ■ | ■ | ■ | A | I | M | ■ | O | D | E | ■ | T | O |
| C | L | I | P | B | O | A | R | D | ■ | B | E | G |
| L | I | M | E | ■ | D | I | D | ■ | S | U | R | E |
| A | S | P | ■ | S | E | L | E | C | T | M | A | N |
| I | T | ■ | M | A | R | ■ | R | O | E | ■ | ■ | ■ |
| M | E | D | I | C | A | L | ■ | P | A | R | A | S |
| A | N | O | N | ■ | T | O | N | ■ | M | E | M | O |
| N | E | S | T | ■ | ■ | O | D | O | M | E | T | E | R |
| T | R | E | Y | ■ | R | E | V | E | R | E | N | T |

# Solution No.55

| B | E | S | P | O | K | E | ■ | R | A | F | T | S |
| L | A | T | E | R | A | L | ■ | E | N | U | R | E |
| E | T | A | G | E | R | E | ■ | S | Y | R | I | A |
| E | E | L | ■ | ■ | A | M | M | O | ■ | C | B | S |
| P | R | E | D | A | T | I | O | N | ■ | O | U | T |
| ■ | ■ | O | N | E | ■ | B | A | N | A | N | A | |
| S | C | O | R | N | ■ | ■ | T | O | T | E | R | |
| T | A | L | M | U | D | ■ | T | O | O | ■ | ■ | |
| E | L | D | ■ | I | N | V | E | R | N | E | S | S |
| R | O | T | ■ | T | A | I | L | ■ | G | P | O | |
| O | R | I | Y | A | ■ | S | L | O | E | G | I | N |
| L | I | M | E | N | ■ | T | E | R | R | E | N | E |
| S | C | E | N | T | ■ | A | R | C | A | D | E | S |

# Solution No.56

| O | P | T | S | ■ | P | O | P | U | L | A | T | E |
| P | O | O | L | ■ | A | C | E | T | A | T | E | S |
| E | S | A | U | ■ | S | T | A | I | D | E | S | T |
| R | E | S | T | A | T | E | ■ | L | E | A | S | E |
| A | R | T | ■ | L | A | T | T | E | ■ | W | E | E |
| ■ | ■ | T | O | ■ | S | O | ■ | H | A | R | M | |
| S | A | C | H | E | T | ■ | P | L | A | Y | A | S |
| W | I | R | E | ■ | I | S | ■ | A | M | ■ | | |
| E | R | E | ■ | T | E | E | N | S | ■ | P | R | Y |
| A | W | O | K | E | ■ | C | O | T | E | R | I | E |
| T | A | L | E | S | M | E | N | ■ | T | O | G | A |
| E | V | E | N | T | I | D | E | ■ | C | L | O | T |
| R | E | S | T | Y | L | E | S | ■ | H | E | R | S |

# Solution No.57

| C | A | S | C | A | D | E | ■ | A | L | T | A | R |
| O | C | E | A | N | I | C | ■ | S | A | U | C | E |
| S | O | T | T | I | S | H | ■ | S | I | N | U | S |
| T | R | O | W | ■ | ■ | O | P | E | R | A | T | E |
| A | N | N | A | S | ■ | E | A | T | ■ | B | E | E |
| ■ | ■ | L | E | A | S | E | ■ | L | S | D | | |
| S | I | C | K | E | D | ■ | A | S | S | E | T | S |
| I | R | A | ■ | M | A | N | I | A | ■ | ■ | | |
| D | O | N | ■ | S | I | R | ■ | T | U | C | K | S |
| E | N | T | R | A | N | T | ■ | S | O | I | L | |
| C | O | R | E | S | ■ | I | N | F | A | N | T | E |
| A | R | I | E | S | ■ | S | T | A | G | G | E | D |
| R | E | P | L | Y | ■ | T | H | R | E | A | D | S |

# Solution No.58

| E | C | S | T | A | S | Y | ■ | S | N | U | F | F |
| S | H | A | R | P | I | E | ■ | C | O | P | R | A |
| S | O | V | I | E | T | S | ■ | A | I | L | E | D |
| A | R | E | S | ■ | ■ | S | E | R | R | I | E | D |
| Y | E | S | E | S | ■ | E | R | E | ■ | F | B | I |
| ■ | ■ | C | E | A | S | E | ■ | T | I | S | | |
| P | A | S | T | E | L | ■ | C | O | S | S | E | T |
| I | L | O | ■ | G | E | T | U | P | ■ | ■ | | |
| A | I | L | ■ | C | A | N | ■ | T | O | A | S | T |
| N | E | I | T | H | E | R | ■ | T | B | A | R | |
| I | N | D | U | E | ■ | A | G | I | T | A | T | E |
| S | E | E | R | S | ■ | G | A | M | E | T | E | S |
| T | E | R | N | S | ■ | E | M | P | R | E | S | S |

# Solution No.59

| A | D | I | P | O | S | I | S | ■ | B | A | B | E |
| L | I | T | E | R | A | T | I | ■ | E | Y | E | S |
| G | A | L | L | ■ | W | E | D | ■ | T | A | R | O |
| A | L | L | O | Y | ■ | M | E | G | A | H | I | T |
| ■ | ■ | T | A | P | ■ | P | A | S | ■ | B | E | |
| A | C | R | O | P | O | L | I | S | ■ | H | E | R |
| R | O | A | N | ■ | L | E | E | ■ | S | A | R | I |
| T | A | T | ■ | D | I | A | C | R | I | T | I | C |
| I | T | ■ | P | O | T | ■ | E | O | N | ■ | | |
| S | T | A | R | T | E | R | ■ | B | A | W | D | S |
| T | A | C | O | ■ | S | E | E | ■ | T | R | A | P |
| R | I | M | E | ■ | S | A | T | I | R | I | Z | E |
| Y | L | E | M | ■ | E | M | A | N | A | T | E | D |

# Solution No.60

| T | A | M | A | R | I | N | ■ | B | E | S | E | T |
| O | P | A | L | I | N | E | ■ | I | R | A | Q | I |
| P | A | Y | A | B | L | E | ■ | E | A | T | U | P |
| O | R | B | ■ | A | D | E | N | ■ | R | A | T | |
| S | T | E | V | E | N | S | O | N | ■ | A | B | O |
| ■ | ■ | E | N | D | ■ | N | I | P | P | L | E | |
| A | P | H | I | D | ■ | ■ | A | R | S | E | D | |
| P | H | E | N | O | L | ■ | A | L | E | ■ | | |
| P | A | M | ■ | C | O | R | N | S | Y | R | U | P |
| E | L | L | ■ | R | Y | E | S | ■ | E | T | A | |
| A | L | I | B | I | ■ | D | E | B | A | S | E | S |
| L | I | N | E | N | ■ | E | L | O | P | E | R | S |
| S | C | E | N | E | ■ | S | M | A | R | T | I | E |

# Solution No.61

| B | L | A | S | T | E | D | | G | L | U | E | S |
|---|---|---|---|---|---|---|---|---|---|---|---|---|
| R | E | S | T | O | R | E | | L | O | T | T | E |
| O | N | P | A | P | E | R | | E | A | T | E | N |
| O | T | I | S | | | M | A | N | N | E | R | S |
| M | O | C | H | A | | I | N | N | | R | N | A |
| | | E | R | A | S | E | | E | A | T | | |
| D | E | I | S | T | S | | N | O | O | D | L | E |
| E | L | L | | S | A | T | I | N | | | | |
| B | E | E | | H | E | M | | L | E | T | U | P |
| A | G | I | T | A | T | E | | S | A | K | I | |
| S | I | T | A | R | | B | O | A | T | M | A | N |
| E | Z | I | N | E | | A | T | H | E | I | S | T |
| D | E | S | K | S | | S | T | A | P | L | E | S |

# Solution No.62

| S | P | A | T | | R | A | G | T | R | A | D | E |
|---|---|---|---|---|---|---|---|---|---|---|---|---|
| T | A | R | O | | A | R | M | O | I | R | E | S |
| A | C | R | E | | V | I | T | A | L | I | S | T |
| M | E | A | S | L | E | S | | S | L | O | S | H |
| P | R | Y | | A | N | E | N | T | | S | E | E |
| | | A | N | | S | O | | F | O | R | T | |
| C | A | S | T | E | R | | T | R | I | S | T | E |
| R | I | T | E | | O | R | | H | E | | | |
| E | R | A | | G | E | E | S | E | | P | A | S |
| S | P | I | R | E | | S | E | A | W | A | L | L |
| S | O | N | I | N | L | A | W | | A | R | I | A |
| E | R | E | C | T | I | L | E | | S | K | E | W |
| S | T | R | E | S | S | E | D | | P | A | N | S |

# Solution No.63

| C | A | S | C | A | R | A | S | | F | A | T | S |
|---|---|---|---|---|---|---|---|---|---|---|---|---|
| O | N | E | O | N | O | N | E | | A | R | E | A |
| M | O | W | N | | D | N | A | | M | I | R | V |
| P | A | N | D | A | | E | P | H | E | D | R | A |
| | | E | K | E | | L | E | D | | I | N | |
| D | A | L | M | A | T | I | A | N | | S | E | N |
| I | N | O | N | | I | O | N | | O | K | R | A |
| S | T | Y | | S | Q | U | E | A | M | I | S | H |
| H | E | | T | A | U | | S | U | N | | | |
| E | L | B | O | W | E | D | | G | I | B | B | S |
| V | O | L | T | | T | O | O | | B | O | L | A |
| E | P | E | E | | T | O | R | T | U | O | U | S |
| L | E | W | D | | E | M | B | O | S | S | E | S |

# Solution No.64

| H | E | A | D | W | A | Y | S | | S | O | S | O |
|---|---|---|---|---|---|---|---|---|---|---|---|---|
| A | C | C | R | E | D | I | T | | U | P | O | N |
| T | H | E | E | | S | P | A | | S | A | F | E |
| H | O | R | S | E | | S | T | E | A | L | T | H |
| | | S | A | E | | I | O | N | | S | O | |
| A | F | T | E | R | N | O | O | N | | A | P | R |
| C | L | A | D | | T | A | N | | W | H | O | S |
| T | O | P | | C | E | R | E | B | R | A | T | E |
| I | T | | T | A | R | | R | O | E | | | |
| N | I | G | E | R | I | A | | A | S | S | A | M |
| I | L | E | X | | T | I | P | | T | O | N | E |
| U | L | N | A | | I | N | V | O | L | U | T | E |
| M | A | S | S | | S | U | C | K | E | R | E | D |

# Solution No.65

| V | I | B | R | A | T | E | | G | A | M | I | N |
|---|---|---|---|---|---|---|---|---|---|---|---|---|
| I | D | E | A | T | E | S | | O | N | I | C | E |
| E | A | R | N | E | S | T | | O | A | S | E | S |
| W | H | Y | | | T | E | N | D | | T | O | T |
| S | O | L | D | I | E | R | O | N | | A | V | E |
| | | E | N | D | | D | I | C | K | E | R | |
| S | U | M | A | C | | | G | O | E | R | S | |
| T | R | I | N | A | L | | O | H | M | | | |
| R | E | S | | P | O | L | I | T | E | S | S | E |
| E | T | C | | A | X | I | L | | A | I | R | |
| T | H | U | M | B | | S | C | H | E | R | Z | O |
| C | R | E | E | L | | L | A | I | T | I | E | S |
| H | A | S | T | E | | E | N | M | A | S | S | E |

# Solution No.66

| W | H | E | R | E | A | S | | A | B | A | F | T |
|---|---|---|---|---|---|---|---|---|---|---|---|---|
| H | A | V | E | A | G | O | | U | L | N | A | E |
| E | G | E | S | T | E | D | | D | O | N | N | A |
| E | U | R | O | | | I | P | E | C | A | C | S |
| L | E | T | U | P | | U | R | N | | T | I | E |
| | | N | A | O | M | I | | T | E | L | | |
| U | S | E | D | T | O | | M | I | N | O | R | S |
| T | I | N | | Z | L | O | T | Y | | | | |
| O | R | C | | S | E | A | | S | M | A | C | K |
| P | E | R | F | I | D | Y | | P | L | A | N | |
| I | N | U | I | T | | M | A | C | H | I | N | E |
| A | I | S | L | E | | A | L | I | E | N | E | E |
| N | A | T | E | S | | N | E | S | T | E | R | S |

## Solution No.67

| A | D | A | P | T | I | V | E |   | R | A | S | P |
|---|---|---|---|---|---|---|---|---|---|---|---|---|
| M | O | N | R | O | V | I | A |   | E | C | H | O |
| P | I | N | E |   | Y | E | S |   | V | I | O | L |
| S | N | A | F | U |   | S | T | R | U | D | E | L |
|   |   | A | S | S |   | C | U | P |   | H | I |   |
| E | D | U | C | A | T | I | O | N |   | V | O | W |
| S | I | Z | E |   | A | K | A |   | G | I | R | O |
| P | S | I |   | W | R | E | S | T | L | I | N | G |
| A | S |   | L | E | T |   | T | E | A |   |   |   |
| L | O | V | A | B | L | E |   | C | D | R | O | M |
| I | L | E | X |   | I | N | S |   | D | U | D | E |
| E | V | I | L |   | N | O | U | M | E | N | O | N |
| R | E | L | Y |   | G | L | E | A | N | E | R | S |

## Solution No.68

| A | L | B | E | R | T | A |   | R | E | N | T | S |
|---|---|---|---|---|---|---|---|---|---|---|---|---|
| W | A | R | D | E | R | S |   | O | R | I | E | L |
| A | B | I | O | T | I | C |   | C | A | N | N | A |
| K | E | N |   | S | I | N | K |   | E | S | P |   |
| E | L | E | V | A | T | I | O | N |   | V | I | P |
|   |   | A | R | E |   | G | R | I | E | V | E |   |
| S | L | A | N | T |   |   | O | O | H | E | D |   |
| C | A | V | E | I | N |   | B | L | T |   |   |   |
| A | C | E |   | L | A | T | E | L | A | T | I | N |
| B | U | R |   | L | Y | R | E |   | E | N | E |   |
| I | N | A | N | E |   | I | T | E | R | A | T | E |
| E | A | G | E | R |   | P | L | E | A | S | E | D |
| S | E | E | D | Y |   | S | E | N | D | E | R | S |

## Solution No.69

| C | A | S | S | I | N | O |   | P | A | C | E | R |
|---|---|---|---|---|---|---|---|---|---|---|---|---|
| O | U | T | C | R | O | P |   | A | G | A | V | E |
| O | D | O | R | A | N | T |   | G | A | V | E | L |
| L | I | M | A |   | O | C | A | R | I | N | A |   |
| S | T | A | T | E |   | U | R | N |   | L | I | P |
|   |   | C | R | A | T | E |   | E | N | S |   |   |
| B | U | S | H | E | L |   | D | R | U | D | G | E |
| A | T | E |   | G | R | O | A | N |   |   |   |   |
| N | E | W |   | S | A | E |   | T | A | S | T | E |
| D | R | I | B | L | E | T |   | W | A | I | L |   |
| S | I | N | A | I |   | R | E | G | A | T | T | A |
| A | N | G | S | T |   | O | V | E | R | E | A | T |
| W | E | S | T | S |   | D | E | M | E | S | N | E |

## Solution No.70

| S | T | A | B |   | P | O | P | U | L | A | T | E |
|---|---|---|---|---|---|---|---|---|---|---|---|---|
| T | U | N | A |   | A | C | E | T | A | T | E | S |
| A | N | T | I |   | S | T | A | I | D | E | S | T |
| R | E | S | T | A | T | E |   | L | E | A | S | E |
| T | R | Y |   | L | A | T | T | E |   | W | E | E |
|   |   |   | T | O |   | S | O |   | H | A | R | M |
| S | A | C | H | E | T |   | P | L | A | Y | A | S |
| O | B | O | E |   | I | S |   | A | S |   |   |   |
| L | A | W |   | T | E | E | N | S |   | C | F | C |
| A | L | A | T | E |   | D | O | S | S | I | E | R |
| C | O | R | O | L | L | A | S |   | A | L | T | O |
| E | N | D | P | L | A | T | E |   | S | I | A | N |
| D | E | S | I | S | T | E | D |   | S | A | L | E |

## Solution No.71

| T | A | S | M | A | N | I | A |   | S | U | N | K |
|---|---|---|---|---|---|---|---|---|---|---|---|---|
| H | E | C | A | T | O | M | B |   | T | R | E | E |
| R | O | A | N |   | W | A | S |   | R | I | M | Y |
| U | N | T | I | E |   | M | O | H | I | C | A | N |
|   |   |   | K | E | N |   | L | I | P |   | T | O |
| U | M | B | I | L | I | C | U | S |   | W | O | T |
| N | A | A | N |   | G | O | T |   | M | O | D | E |
| W | I | T |   | S | H | O | E | M | A | K | E | R |
| I | N |   | V | A | T |   | S | O | L |   |   |   |
| E | S | S | E | N | C | E |   | P | I | N | T | A |
| L | A | I | N |   | L | A | O |   | G | A | U | R |
| D | I | D | O |   | U | R | B | A | N | I | T | Y |
| Y | L | E | M |   | B | L | I | S | S | F | U | L |

## Solution No.72

| D | E | V | A | L | U | E |   | B | A | S | E | S |
|---|---|---|---|---|---|---|---|---|---|---|---|---|
| I | N | S | T | E | P | S |   | E | V | E | N | T |
| A | N | I | M | I | S | T |   | R | E | C | C | E |
| L | U | G |   | E | E | R | Y |   | L | A | W |   |
| S | I | N | I | S | T | R | A | L |   | U | S | A |
|   |   |   | B | U | S |   | G | L | I | D | E | R |
| C | A | B | I | N |   |   | I | D | E | S | T |   |
| O | D | E | S | S | A |   | D | U | O |   |   |   |
| P | R | E |   | C | H | A | R | M | L | E | S | S |
| P | E | P |   | R | A | C | E |   | A | L | A |   |
| O | N | I | C | E |   | M | A | R | I | T | A | L |
| L | A | N | G | E |   | E | R | U | D | I | T | E |
| A | L | G | I | N |   | S | Y | N | O | N | Y | M |

# Solution No.73

| M | A | S | T | O | I | D | ■ | S | U | M | P | S |
| A | R | I | A | D | N | E | ■ | A | R | I | A | N |
| L | E | N | I | E | N | T | ■ | D | A | N | C | E |
| T | A | E | L | ■ | ■ | E | E | L | L | I | K | E |
| A | S | S | E | S | ■ | S | T | Y | ■ | V | A | R |
| ■ | ■ | ■ | N | O | R | T | H | ■ | ■ | A | G | E |
| S | A | D | D | L | E | ■ | O | P | E | N | E | R |
| H | U | E | ■ | ■ | S | I | S | A | L | ■ | ■ | ■ |
| A | R | C | ■ | B | I | N | ■ | P | A | S | S | E |
| R | E | A | S | O | N | S | ■ | ■ | S | T | E | M |
| P | A | T | H | S | ■ | E | M | O | T | I | V | E |
| E | T | U | I | S | ■ | ■ | C | A | V | I | L | E | R |
| N | E | R | V | Y | ■ | ■ | T | R | A | C | E | R | Y |

# Solution No.74

| P | I | S | M | I | R | E | S | ■ | A | H | E | M |
| O | N | C | A | M | E | R | A | ■ | T | O | P | I |
| O | D | O | R | ■ | D | I | N | ■ | L | E | I | S |
| L | O | T | T | O | ■ | E | D | W | A | R | D | S |
| ■ | ■ | I | D | S | ■ | P | A | S | ■ | U | P | ■ |
| G | U | I | N | E | A | P | I | G | ■ | E | R | E |
| A | N | T | I | ■ | R | A | P | ■ | O | R | A | L |
| M | R | S | ■ | S | C | R | E | W | B | A | L | L |
| B | E | ■ | S | K | A | ■ | R | E | V | ■ | ■ | ■ |
| L | A | P | P | I | S | H | ■ | D | I | A | L | S |
| I | S | L | E | ■ | T | U | B | ■ | A | L | O | E |
| N | O | E | L | ■ | I | R | R | I | T | A | N | T |
| G | N | A | T | ■ | C | L | O | S | E | S | E | T |

# Solution No.75

| O | E | D | I | P | U | S | ■ | C | A | P | R | I |
| U | R | I | N | A | T | E | ■ | O | I | L | E | R |
| G | R | O | S | S | E | D | ■ | C | R | A | T | E |
| H | O | D | ■ | R | E | E | K | ■ | N | I | L | ■ |
| T | R | E | A | S | U | R | E | R | ■ | I | R | A |
| ■ | ■ | Y | E | S | ■ | L | O | O | S | E | N | ■ |
| S | W | E | E | P | ■ | ■ | A | A | H | E | D | ■ |
| K | A | N | S | A | S | ■ | A | C | T | ■ | ■ | ■ |
| I | T | D | ■ | R | O | U | G | H | H | E | W | N |
| T | E | L | ■ | A | N | N | E | ■ | L | A | O | ■ |
| T | R | O | U | T | ■ | I | N | R | O | A | D | S |
| L | E | N | T | O | ■ | A | D | O | P | T | E | E |
| E | D | G | E | R | ■ | T | A | T | T | E | R | S |

# Solution No.76

| D | E | S | C | A | L | E | ■ | S | T | A | G | E |
| I | M | P | A | L | A | S | ■ | H | I | R | E | S |
| R | I | O | T | A | C | T | ■ | I | C | O | N | S |
| G | L | O | B | ■ | ■ | H | I | R | S | U | T | E |
| E | E | R | I | E | ■ | E | R | E | ■ | S | E | N |
| ■ | ■ | ■ | R | E | T | R | O | ■ | ■ | E | E | C |
| S | A | D | D | L | E | ■ | N | E | E | D | L | E |
| H | U | E | ■ | ■ | M | O | S | E | Y | ■ | ■ | ■ |
| A | R | C | ■ | M | P | H | ■ | K | E | B | A | B |
| T | E | A | R | O | O | M | ■ | ■ | S | U | M | O |
| T | O | G | A | S | ■ | A | R | M | O | R | E | R |
| E | L | O | P | E | ■ | G | O | U | R | M | E | T |
| R | E | N | T | S | ■ | E | N | D | E | A | R | S |

# Solution No.77

| S | I | L | L | A | B | U | B | ■ | S | I | C | K |
| A | L | I | E | N | A | G | E | ■ | A | C | A | I |
| L | I | M | A | ■ | A | L | E | ■ | T | O | R | N |
| T | A | N | K | A | ■ | I | S | L | A | N | D | S |
| ■ | ■ | A | S | S | ■ | K | E | Y | ■ | I | F | ■ |
| P | L | I | G | H | T | I | N | G | ■ | O | N | O |
| R | A | C | E | ■ | A | R | E | ■ | O | V | A | L |
| O | D | E | ■ | S | L | E | E | P | W | A | L | K |
| B | Y | ■ | C | U | E | ■ | S | E | N | ■ | ■ | ■ |
| A | L | C | H | E | M | Y | ■ | A | G | I | S | T |
| T | I | R | E | ■ | A | A | H | ■ | O | N | T | O |
| E | K | E | S | ■ | T | R | I | B | A | D | E | S |
| S | E | W | S | ■ | E | N | V | E | L | O | P | S |

# Solution No.78

| A | T | A | T | I | M | E | ■ | L | U | S | T | S |
| S | U | T | U | R | E | S | ■ | A | G | L | E | T |
| S | T | O | N | E | R | S | ■ | T | H | I | N | E |
| E | E | L | ■ | G | E | N | E | ■ | G | S | A | ■ |
| T | E | L | E | G | E | N | I | C | ■ | H | I | M |
| ■ | ■ | ■ | A | I | R | ■ | B | O | T | T | L | E |
| A | D | O | R | N | ■ | ■ | M | I | S | E | R | ■ |
| G | R | U | N | G | E | ■ | B | E | E | ■ | ■ | ■ |
| E | A | T | ■ | E | M | B | A | R | R | A | S | S |
| I | S | M | ■ | R | U | I | N | ■ | B | A | T | ■ |
| S | T | O | M | A | ■ | P | A | S | S | A | G | E |
| T | I | D | A | L | ■ | E | N | T | I | C | E | R |
| S | C | E | N | E | ■ | D | A | Y | C | A | R | E |

# Solution No.79

| C | A | S | S | I | N | O | | S | L | A | M | S |
| O | U | T | C | R | O | P | | N | A | T | A | L |
| O | D | O | R | A | N | T | | A | D | O | R | E |
| P | I | M | A | | | O | A | R | S | M | A | N |
| S | T | A | T | E | | U | R | L | | I | T | D |
| | | | C | R | A | T | E | | | S | H | E |
| B | U | S | H | E | L | | N | E | C | T | A | R |
| A | R | E | | G | U | A | N | O | | | | |
| G | A | M | | T | A | N | | D | A | M | P | S |
| A | N | I | S | E | E | D | | | G | O | A | T |
| S | I | T | I | N | | I | M | P | U | L | S | E |
| S | U | I | T | S | | E | P | I | L | A | T | E |
| E | M | C | E | E | | S | H | E | A | R | E | R |

# Solution No.80

| C | R | A | M | | C | A | T | A | L | P | A | S |
| H | U | L | A | | A | M | A | R | I | L | L | O |
| A | N | A | L | | M | O | N | O | R | A | I | L |
| P | U | R | L | I | E | U | | M | A | T | E | D |
| S | P | Y | | A | O | R | T | A | | O | N | E |
| | | | A | M | | S | O | | G | O | E | R |
| S | C | R | I | B | E | | P | L | A | N | E | S |
| T | O | A | D | | A | T | | A | S | | | |
| O | R | T | | C | R | A | S | S | | C | O | B |
| M | O | T | T | O | | R | E | S | T | O | R | E |
| A | L | I | E | N | A | G | E | | A | R | I | A |
| C | L | E | N | C | H | E | D | | P | A | Y | S |
| H | A | R | D | H | A | T | S | | S | L | A | T |

# Solution No.81

| S | H | A | M | A | N | I | C | | C | H | A | T |
| C | I | L | A | N | T | R | O | | H | A | T | H |
| O | D | O | R | | H | E | M | | A | S | H | Y |
| T | E | E | T | H | | S | M | A | S | H | E | R |
| | | | Y | O | U | | I | S | M | | N | O |
| A | W | A | R | E | N | E | S | S | | L | E | I |
| R | A | G | S | | H | R | S | | F | E | U | D |
| B | Y | E | | G | E | R | A | N | I | U | M | S |
| O | F | | U | S | A | | R | I | G | | | |
| R | A | M | P | A | R | T | | P | H | I | A | L |
| I | R | I | S | | D | I | P | | T | O | B | Y |
| S | E | R | E | | O | D | O | M | E | T | E | R |
| T | R | O | T | | F | E | D | E | R | A | T | E |

# Solution No.82

| R | O | W | B | O | A | T | | P | A | T | C | H |
| U | N | H | A | P | P | Y | | A | L | O | H | A |
| S | T | I | N | T | E | R | | N | A | M | E | R |
| E | A | T | | M | O | O | T | | C | A | D | |
| S | P | E | C | I | A | L | L | Y | | A | P | E |
| | | | I | N | N | | D | H | O | T | I | S |
| G | R | O | G | S | | | | O | N | S | E | T |
| A | I | R | S | A | C | | U | S | E | | | |
| R | O | D | | T | H | E | M | E | S | O | N | G |
| A | T | E | | I | A | M | B | | | C | O | N |
| G | A | R | D | A | | C | R | O | A | T | I | A |
| E | C | L | A | T | | E | A | R | N | E | S | T |
| S | T | Y | L | E | | E | S | T | A | T | E | S |

# Solution No.83

| C | A | T | A | R | R | H | | S | L | E | W | S |
| O | L | I | V | I | N | E | | T | E | N | E | T |
| M | I | N | I | M | A | L | | A | S | T | E | R |
| A | S | E | A | | | M | A | R | T | I | N | I |
| S | T | A | T | E | | E | R | R | | T | I | N |
| | | | O | R | A | T | E | | | L | E | G |
| B | E | A | R | E | R | | N | A | P | E | R | Y |
| E | T | C | | | S | C | A | R | E | | | |
| S | E | C | | B | O | A | | C | R | A | P | S |
| T | R | I | D | E | N | T | | | T | O | L | E |
| I | N | D | I | A | | S | A | H | A | R | A | N |
| R | A | I | N | S | | U | V | E | I | T | I | S |
| S | L | E | E | T | | P | E | N | N | A | T | E |

# Solution No.84

| S | O | A | P | I | E | S | T | | S | T | O | P |
| A | G | N | U | S | D | E | I | | P | O | S | H |
| N | E | A | R | | O | A | T | | I | O | T | A |
| D | E | L | V | E | | S | L | A | C | K | E | N |
| | | | I | N | S | | E | N | E | | I | T |
| C | A | S | E | S | T | U | D | Y | | P | T | A |
| A | N | E | W | | A | R | E | | I | S | I | S |
| S | A | W | | S | Y | N | E | R | G | I | S | M |
| H | E | | G | A | S | | D | I | N | | | |
| C | R | O | U | T | O | N | | G | E | S | T | S |
| R | O | T | S | | V | I | I | | O | A | H | U |
| O | B | I | T | | E | N | T | H | U | S | E | D |
| P | E | S | O | | R | A | D | I | S | H | E | S |

# Solution No.85

| P | O | S | T | W | A | R | ■ | F | E | S | S | E |
| A | C | H | I | E | V | E | ■ | I | M | P | E | L |
| S | T | A | N | T | O | N | ■ | R | U | R | A | L |
| H | A | W | ■ | ■ | W | I | F | E | ■ | A | L | I |
| A | L | L | O | W | A | N | C | E | ■ | Y | E | P |
| ■ | ■ | N | I | L | ■ | C | A | V | E | R | S | ■ |
| S | C | O | T | T | ■ | ■ | T | E | R | S | E | ■ |
| C | A | P | O | T | E | ■ | B | E | D | ■ | ■ | ■ |
| A | P | E | ■ | I | G | N | O | R | A | N | C | E |
| R | A | N | ■ | C | O | O | N | ■ | ■ | O | A | R |
| A | B | A | C | I | ■ | I | N | F | A | N | T | A |
| B | L | I | P | S | ■ | S | E | D | U | C | E | S |
| S | E | R | U | M | ■ | E | T | A | G | E | R | E |

# Solution No.86

| A | M | P | U | L | L | A | ■ | S | L | A | M | S |
| S | O | O | N | E | S | T | ■ | N | A | T | A | L |
| C | O | L | L | U | D | E | ■ | A | D | O | R | E |
| O | L | L | A | ■ | ■ | O | A | R | S | M | A | N |
| T | A | S | T | E | ■ | U | R | L | ■ | I | T | D |
| ■ | ■ | ■ | C | R | A | T | E | ■ | ■ | S | H | E |
| B | U | S | H | E | L | ■ | N | E | C | T | A | R |
| A | R | E | ■ | ■ | G | U | A | N | O | ■ | ■ | ■ |
| G | A | M | ■ | T | A | N | ■ | D | A | M | P | S |
| A | N | I | S | E | E | D | ■ | G | O | A | T | ■ |
| S | I | T | I | N | ■ | I | M | P | U | L | S | E |
| S | U | I | T | S | ■ | E | P | I | L | A | T | E |
| E | M | C | E | E | ■ | S | H | E | A | R | E | R |

# Solution No.87

| A | L | B | S | ■ | P | A | R | T | T | I | M | E |
| R | E | L | Y | ■ | A | M | E | R | I | C | A | N |
| O | M | E | N | ■ | T | A | M | A | R | I | N | D |
| S | A | N | C | H | E | Z | ■ | C | O | N | D | O |
| E | N | D | ■ | A | N | E | N | T | ■ | E | R | R |
| ■ | ■ | A | T | ■ | S | O | ■ | U | S | E | S | ■ |
| C | A | R | T | E | R | ■ | T | U | S | S | L | E |
| A | L | E | E | ■ | O | F | ■ | M | E | ■ | ■ | ■ |
| S | I | C | ■ | C | E | L | E | B | ■ | S | P | A |
| C | A | I | R | O | ■ | A | N | O | T | H | E | R |
| A | S | P | I | R | A | N | T | ■ | A | O | N | E |
| R | E | E | M | E | R | G | E | ■ | P | A | N | T |
| A | S | S | E | R | T | E | R | ■ | S | T | Y | E |

# Solution No.88

| S | L | A | G | H | E | A | P | ■ | A | M | P | S |
| H | O | R | R | I | B | L | E | ■ | P | U | R | E |
| A | N | T | E | ■ | B | I | D | ■ | P | L | E | A |
| M | E | S | A | S | ■ | T | O | P | L | E | S | S |
| ■ | ■ | T | E | A | ■ | M | A | Y | ■ | T | O | ■ |
| S | C | H | L | E | M | I | E | L | ■ | W | I | N |
| T | R | A | Y | ■ | B | O | T | ■ | S | A | G | E |
| R | E | D | ■ | F | I | N | E | T | U | N | E | D |
| I | T | ■ | S | A | T | ■ | R | A | N | ■ | ■ | ■ |
| C | O | H | A | B | I | T | ■ | P | S | H | A | W |
| K | N | I | T | ■ | O | A | T | ■ | P | I | M | A |
| E | N | V | Y | ■ | U | N | H | O | O | K | E | D |
| N | E | E | R | ■ | S | H | O | R | T | E | N | S |

# Solution No.89

| P | O | M | A | D | E | D | ■ | S | H | A | R | P |
| A | P | O | L | U | N | E | ■ | T | U | B | E | R |
| S | T | O | P | P | L | E | ■ | R | E | A | V | E |
| T | E | E | ■ | I | D | L | E | ■ | T | E | L | ■ |
| A | D | D | R | E | S | S | E | E | ■ | I | R | A |
| ■ | ■ | A | N | T | ■ | E | T | H | N | I | C | ■ |
| S | C | A | N | T | ■ | ■ | C | A | G | E | Y | ■ |
| P | A | S | T | O | R | ■ | T | A | R | ■ | ■ | ■ |
| A | R | E | ■ | U | N | D | E | R | P | A | S | S |
| T | I | P | ■ | R | A | I | N | ■ | L | I | E | ■ |
| H | O | S | T | A | ■ | T | U | R | B | I | N | E |
| I | C | I | N | G | ■ | C | R | O | A | K | E | D |
| C | A | S | T | E | ■ | H | E | B | R | E | W | S |

# Solution No.90

| B | L | A | D | D | E | R | ■ | B | E | N | E | S |
| L | I | M | E | A | D | E | ■ | A | R | E | N | T |
| O | N | E | S | H | O | T | ■ | C | R | U | S | E |
| B | A | B | E | ■ | ■ | A | P | O | S | T | L | E |
| S | C | A | R | E | ■ | R | A | N | ■ | R | A | P |
| ■ | ■ | T | R | A | D | E | ■ | ■ | A | V | E | ■ |
| C | L | O | S | E | D | ■ | A | N | T | L | E | R |
| H | O | P | ■ | ■ | M | A | N | I | A | ■ | ■ | ■ |
| A | C | E | ■ | S | I | N | ■ | B | I | L | E | S |
| N | A | N | K | I | N | G | ■ | L | A | S | E | ■ |
| C | L | A | I | R | ■ | L | I | C | E | N | S | E |
| E | L | I | T | E | ■ | E | V | A | N | G | E | L |
| L | Y | R | E | S | ■ | R | E | D | D | E | N | S |

# Solution No.91

| L | E | E | B | O | A | R | D | ■ | G | U | C | K |
| I | N | T | E | R | W | A | R | ■ | E | R | I | E |
| R | O | A | D | ■ | E | T | A | ■ | L | I | L | Y |
| A | L | L | E | N | ■ | A | F | R | I | C | A | N |
| ■ | ■ | C | E | P | ■ | T | A | D | ■ | N | O | ■ |
| S | P | I | K | E | R | U | S | H | ■ | O | T | T |
| A | L | M | S | ■ | I | S | M | ■ | S | O | R | E |
| R | A | P | ■ | S | E | A | A | N | C | H | O | R |
| A | N | ■ | S | A | D | ■ | N | O | R | ■ | ■ | ■ |
| S | K | E | P | T | I | C | ■ | M | U | D | R | A |
| O | T | T | O | ■ | E | E | C | ■ | P | E | E | P |
| T | O | U | T | ■ | U | N | G | U | L | A | T | E |
| A | N | I | S | ■ | S | T | I | P | E | N | D | S |

# Solution No.92

| E | M | E | R | A | L | D | ■ | A | T | R | I | A |
| D | O | M | I | N | I | E | ■ | N | A | U | R | U |
| E | L | E | G | I | A | C | ■ | A | D | M | I | T |
| M | A | N | ■ | ■ | N | O | R | M | ■ | A | D | O |
| A | L | D | E | B | A | R | A | N | ■ | N | I | P |
| ■ | ■ | P | A | S | ■ | G | E | N | I | U | S | ■ |
| A | S | D | I | C | ■ | ■ | S | E | A | M | Y | ■ |
| S | T | A | C | K | S | ■ | V | I | A | ■ | ■ | ■ |
| C | A | P | ■ | S | O | T | O | S | P | E | A | K |
| E | T | H | ■ | T | W | I | T | ■ | ■ | R | U | E |
| T | I | N | E | A | ■ | M | I | L | E | A | G | E |
| I | C | I | N | G | ■ | E | V | E | N | S | U | P |
| C | E | A | S | E | ■ | S | E | E | D | E | R | S |

# Solution No.93

| B | A | S | I | N | E | T | ■ | P | O | L | A | R |
| A | L | U | M | I | N | A | ■ | A | B | A | C | I |
| S | L | I | P | P | E | R | ■ | S | I | M | O | N |
| T | O | T | E | ■ | ■ | T | A | S | T | I | N | G |
| S | T | E | A | L | ■ | A | R | E | ■ | N | I | L |
| ■ | ■ | C | I | R | R | I | ■ | ■ | A | T | E | ■ |
| L | I | C | H | E | E | ■ | S | E | C | R | E | T |
| A | N | A | ■ | ■ | S | P | E | A | R | ■ | ■ | ■ |
| P | O | T | ■ | S | I | R | ■ | T | U | B | A | S |
| P | R | A | L | I | N | E | ■ | ■ | C | O | M | A |
| I | D | L | E | D | ■ | S | T | O | I | C | A | L |
| N | E | P | A | L | ■ | E | A | R | A | C | H | E |
| G | R | A | D | E | ■ | T | O | E | L | E | S | S |

# Solution No.94

| A | N | A | P | H | O | R | A | ■ | A | M | A | H |
| P | O | S | E | I | D | O | N | ■ | P | I | C | A |
| S | U | E | R | ■ | D | A | T | ■ | A | R | C | S |
| E | N | A | C | T | ■ | N | I | T | R | O | U | S |
| ■ | ■ | A | S | S | ■ | K | I | T | ■ | S | O | ■ |
| C | E | L | L | P | H | O | N | E | ■ | E | T | C |
| A | L | O | E | ■ | E | D | O | ■ | A | M | O | K |
| D | E | W | ■ | P | L | E | C | T | R | U | M | S |
| U | P | ■ | O | A | T | ■ | K | I | N | ■ | ■ | ■ |
| C | H | U | R | N | E | D | ■ | P | I | P | E | S |
| E | A | R | L | ■ | R | O | T | ■ | C | E | R | E |
| U | N | D | O | ■ | E | G | O | M | A | N | I | A |
| S | T | U | N | ■ | D | E | M | E | S | N | E | S |

# Solution No.95

| L | A | T | A | K | I | A | ■ | B | R | U | S | H |
| A | W | A | K | I | N | G | ■ | L | E | N | T | O |
| B | A | L | A | N | C | E | ■ | O | S | C | A | N |
| O | R | E | ■ | ■ | U | N | D | O | ■ | I | R | K |
| R | E | S | T | A | R | T | E | D | ■ | A | T | E |
| ■ | ■ | A | D | S | ■ | W | H | O | L | L | Y | ■ |
| S | T | R | U | M | ■ | ■ | E | A | S | E | S | ■ |
| C | O | A | T | I | S | ■ | R | A | T | ■ | ■ | ■ |
| H | O | W | ■ | S | U | R | E | T | H | I | N | G |
| O | L | D | ■ | S | P | E | W | ■ | ■ | N | A | N |
| O | K | A | P | I | ■ | C | A | S | S | A | V | A |
| L | I | T | H | O | ■ | T | R | A | I | N | E | R |
| S | T | A | I | N | ■ | O | D | D | N | E | S | S |

# Solution No.96

| B | U | S | S | T | O | P | ■ | S | T | R | A | P |
| O | R | A | T | O | R | S | ■ | P | E | A | R | L |
| L | I | B | E | R | T | Y | ■ | R | A | N | E | E |
| T | A | R | E | ■ | ■ | C | R | I | M | S | O | N |
| S | H | A | P | E | ■ | H | A | G | ■ | A | L | A |
| ■ | ■ | L | A | B | E | L | ■ | ■ | C | A | R | ■ |
| P | E | S | E | T | A | ■ | L | A | C | K | E | Y |
| R | U | T | ■ | ■ | S | A | Y | S | O | ■ | ■ | ■ |
| E | R | A | ■ | F | I | N | ■ | S | A | R | A | H |
| C | A | R | S | I | C | K | ■ | ■ | L | A | M | E |
| E | S | T | E | R | ■ | L | A | O | T | I | A | N |
| P | I | E | C | E | ■ | E | R | R | A | T | I | C |
| T | A | R | T | S | ■ | T | E | R | R | A | N | E |

# Solution No.97

| C | R | A | B | B | I | E | R | ■ | C | H | O | C |
|---|---|---|---|---|---|---|---|---|---|---|---|---|
| L | A | K | E | E | R | I | E | ■ | R | I | C | H |
| O | T | I | C | ■ | E | R | E | ■ | I | N | C | A |
| P | E | N | A | L | ■ | E | L | A | S | T | I | C |
| ■ | ■ | L | E | I | ■ | E | S | P | ■ | D | O | ■ |
| M | N | E | M | O | N | I | C | S | ■ | P | E | N |
| E | O | N | S | ■ | T | N | T | ■ | P | E | N | N |
| D | O | E | ■ | P | E | N | E | T | R | A | T | E |
| I | N | ■ | W | E | N | ■ | D | I | E | ■ | ■ | ■ |
| A | T | W | O | R | S | T | ■ | P | S | A | L | M |
| T | I | E | R | ■ | I | O | N | ■ | U | R | E | A |
| O | D | D | S | ■ | V | R | O | O | M | I | N | G |
| R | E | S | T | ■ | E | N | T | R | E | A | T | S |

# Solution No.98

| P | O | S | T | E | R | S | ■ | I | N | C | A | S |
|---|---|---|---|---|---|---|---|---|---|---|---|---|
| O | B | L | I | G | E | E | ■ | M | I | R | T | H |
| L | E | O | P | O | L | D | ■ | P | H | Y | L | A |
| Y | A | P | ■ | A | G | A | R | ■ | S | A | T | ■ |
| P | H | E | N | O | T | Y | P | E | ■ | T | N | T |
| ■ | A | T | E | ■ | E | S | T | A | T | E | ■ | ■ |
| G | R | A | P | H | ■ | S | O | L | A | R | ■ | ■ |
| R | E | D | E | E | M | ■ | O | E | R | ■ | ■ | ■ |
| A | G | E | ■ | R | O | U | N | D | T | R | I | P |
| N | U | N | ■ | W | O | K | E | ■ | A | D | O | ■ |
| A | L | I | B | I | ■ | A | M | M | E | T | E | R |
| D | A | N | E | S | ■ | S | A | U | R | I | A | N |
| A | R | E | T | E | ■ | E | N | G | R | O | S | S |

# Solution No.99

| S | I | R | E | N | I | A | ■ | A | D | O | R | E |
|---|---|---|---|---|---|---|---|---|---|---|---|---|
| O | N | E | S | E | L | F | ■ | R | E | B | E | C |
| O | U | T | S | E | L | L | ■ | G | A | L | A | S |
| T | I | R | E | ■ | O | C | U | L | I | S | T | ■ |
| S | T | O | N | E | ■ | A | R | E | ■ | G | O | A |
| ■ | ■ | C | R | A | T | E | ■ | E | N | S | ■ | ■ |
| S | C | R | E | E | N | ■ | D | R | E | S | S | Y |
| P | O | E | ■ | G | R | O | A | N | ■ | ■ | ■ | ■ |
| A | G | E | ■ | S | E | E | ■ | T | R | A | P | S |
| C | E | N | S | E | R | S | ■ | O | R | A | L | ■ |
| I | N | T | E | R | ■ | I | N | D | U | S | I | A |
| A | C | E | R | B | ■ | N | E | A | T | E | S | T |
| L | Y | R | E | S | ■ | S | O | M | E | D | A | Y |

# Solution No.100

| J | A | C | O | B | E | A | N | ■ | R | E | A | M |
|---|---|---|---|---|---|---|---|---|---|---|---|---|
| U | N | I | V | E | R | S | E | ■ | E | T | U | I |
| J | U | T | E | ■ | R | I | O | ■ | A | N | T | S |
| U | S | E | R | S | ■ | A | P | P | L | A | U | D |
| ■ | ■ | D | O | M | ■ | H | A | M | ■ | M | A | ■ |
| P | S | E | U | D | O | N | Y | M | ■ | A | N | T |
| A | C | N | E | ■ | V | A | T | ■ | B | R | A | E |
| P | O | D | ■ | M | I | N | E | F | I | E | L | D |
| O | F | ■ | N | E | E | ■ | S | O | P | ■ | ■ | ■ |
| O | F | F | E | N | S | E | ■ | P | L | E | B | E |
| S | L | E | W | ■ | T | U | G | ■ | A | L | U | M |
| E | A | T | S | ■ | A | R | M | I | N | A | R | M |
| S | W | A | Y | ■ | R | O | T | T | E | N | L | Y |

# Thank you for your support!

We welcome any suggestions.
What do you like?, What don't you like?, Is it too easy? Too difficult? And what would you like us to change or add.

Please visit our website: **www.brainwork-outs.com** for more wide selection of fun puzzles and please leave a product review if you're satisfied.
Subscribe to Brain Workouts for newsletters and free fun games.

Reach us at: **contact@brainwork-outs.com**